中国四大传统益智玩具

刘惠琴
陈海涛
编著

科学普及出版社
·北京·

图书在版编目（CIP）数据

中国四大传统益智玩具 / 刘惠琴，陈海涛编著 . -- 北京：科学普及出版社，2023.11
ISBN 978-7-110-10670-9

Ⅰ . ①中… Ⅱ . ①刘… ②陈… Ⅲ . ①智力游戏—青少年读物 Ⅳ . ① G898.2

中国国家版本馆 CIP 数据核字 (2023) 第 226357 号

中国四大传统益智玩具

策划编辑：李世梅　马跃华	责任校对：吕传新
责任编辑：王一琳	责任印制：马宇晨
装帧设计：蚂蚁文化	

出版　科学普及出版社	邮编：100081
发行　中国科学技术出版社有限公司发行部	发行电话：010-62173865
地址　北京市海淀区中关村南大街 16 号	传真：010-62173081
网址　http://www.cspbooks.com.cn	

开本　710 mm×1000 mm　1/16	
印张　7.5	字数：100 千字
版次　2023 年 11 月第 1 版	印次：2023 年 11 月第 1 次印刷
印刷　北京荣泰印刷有限公司	

书号：ISBN 978-7-110-10670-9 / G・4384	定价：45.00 元

（凡购买本社图书，如有缺页、倒页、脱页者，本社发行部负责调换）

前言

  提起中国传统益智玩具，很多人都会立即想到九连环、七巧板、鲁班锁、华容道。没错，这四种玩具就是中国传统益智玩具的优秀代表，在西方被统称为"中国的难题"，也是中国传统益智玩具的"四大金刚"，这也说明了这四种玩具巨大的社会影响力。

  之所以能成为中国传统益智玩具，是因为它们具备两个最主要的特点：一是拥有鲜明的中国传统文化特色，二是体现了强大的益智功能。

  所谓鲜明的中国传统文化特色，并不一定必须如中国传统文化一样历史悠久，也不一定必须由中国发明或起源于中国，但一定要在起源或流传的过程中，吸收并融入特色鲜明的中国传统文化元素。比如，华容道并非起源于中国，传入中国的历史也并不悠久，仅有百年时间，但在传入中国之后，被赋予了鲜明的中国文化元素，无论在名称、演绎的故事情节上，还是规则上，都完全中国化了，并在这一新面貌之下得到了极大的推广，因而当之无愧地成为中国传统益智玩具之一。从中外文化交流的角度来看，这也是历史上常见的一种现象，就像今天，没有人会质疑"佛教文化是中国传统文化的重要组成部分之一"这一论断。当然，有些中国传统益智玩具，的确是从历史悠久、博大精深的中国传统文化中孕育成熟的，比如七巧板、鲁班锁，就被公认是在中国本土发明并发扬光大的。

  强大的益智功能，则更是这些玩具长盛不衰、广为流传的根本原因。虽然绝大多数玩具，都有开发智力、启迪思维的益智功能，但是能被称为益智玩具，其益智功能定要更加突出。换句话说，除了游戏的过程更具趣味性、难易程度更具渐进性、挑战性，更容易实现举一反三、触类旁通的目的，更重要的是它们的设计要体现一定的科学原理，并将抽象的科学原理具象化。九连环、七巧板、鲁班锁、华容道这四大益智玩具，基本都兼具以上特点。比如九连环应用的是拓扑原理和递归原理，鲁班锁体现的是榫卯结构，七巧板是对几何学、出入相补理论和勾股定理的形象解读，华容道则隐含了运筹学与数学群论的原理。这些科学原理，大部分比较抽象和深奥，但通过这些玩具，游戏者会获得非常具象的认知。比如七巧板，通过恰当的图形分割，将勾股定理的原理解释得一目了然。当然，除了九连环、七巧板、鲁班锁、华容道之外，中国传统益智玩具还有许多，比如独子棋、双虎棋、五子棋、双步棋、跳棋、斗狮棋、直棋、圈棋、四季棋、捡石子棋等各种棋类玩具，以及竹蜻蜓、四喜人、不倒翁、拨浪鼓、布老虎、风车、陀螺、空竹等玩具，都兼具一定的益智功能。

　　九连环、七巧板、鲁班锁、华容道这四种玩具之所以成为中国传统益智玩具的"四大金刚"，是因为它们还有一个非常鲜明的特点，那就是都具备进一步延展、适应和创新的条件。通过不断推陈出新，这四种玩具已经被扩展为玩具系列，具有了强大的生命力和影响力。比如鲁班锁，最初只有"六通"，而现在已经依据其原理，开发出了五六十种不同的样式，甚至出现了像"太空球""世界之窗""瑞士立方"等这些很"现代"的种类，且还在与时俱进，不断创新。七巧板也不再局限于拼组传统图样，还被创造出了很多具有时代特征的图样，同时也涌现出了五巧板、九巧板、十一巧板等衍生种类；在华容道的启发下，"推箱子"一类的滑块游戏也大量出现；九连环的简版——五连环、七连环也已经出现。这也说明，与时俱进、开拓创新是发展亘古不变的准则。

　　开发智力、启迪思维、活跃头脑、享受快乐，这应该是我们一生的追求。益智玩具不仅是我们孩童时代的亲密玩伴，还应该是陪伴我们一生的良师益友。认识了解、练习实践、思考拓展这些中国传统益智玩具，一定会让我们的身心受益无穷。同时，通过这些中国传统益智玩具，我们还会在对中华民族古老智慧叹为观止的同时，进一步了解中国古代辉煌的科技成就，从而弘扬传统优秀文化，坚定树立文化自信。

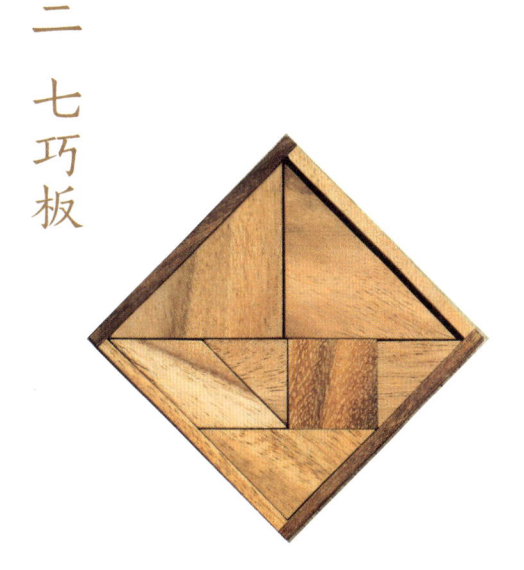

目录

一 九连环

1. 九连环的历史   004
2. 九连环的原理   012
3. 九连环的解法   014
4. 解九连环需要多少步   017
5. 其他解环类玩具   020
6. 九连环在西方的流行   023

二 七巧板

1. 七巧板的基本形制和原理   029
2. 七巧板的缘起   032
3. 七巧板的出现   039
4. 七巧板的玩法   043
5. 七巧板的发展   046
6. 七巧板在国外的流传   053

三 鲁班锁

1 文献中的鲁班锁 062
2 鲁班锁的演化发展 066
3 鲁班锁的原理和起源 069
4 鲁班锁的分类 075
5 鲁班锁的基本特点 079
6 鲁班锁的几个拼装技巧 080

四 华容道

1 华容道玩具的基本形制 087
2 华容道的起源 089
3 华容道和纵横图的关系 096
4 华容道的解法 099

一
九连环

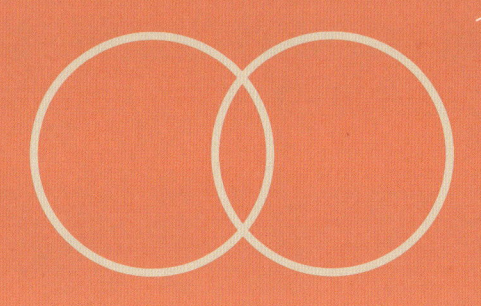

解环类玩具是中国传统益智玩具的一大类，它历史悠久、流传极广、形式多样、规格不一，其中最具代表性的就是九连环（图1-1）。九连环上有九个圆形小环，通常由金属丝制成，每个圆环上都连有一个直杆，也称为"环梗"，每个直杆的一端都从下一个圆环内穿过，另一端都穿过一条薄板，相对固定。九环可以套在由金属丝制成的条形环柄上，环柄把手部分叫"钗"，可以做成剑形、如意形、蝴蝶形、花篮形、宫灯形、梅花形等。九个圆环按离把手由远到近的顺序依次为1号环到9号环（图1-2），九连环的玩法比较复杂，无论解下或者套上，都需要遵循一定的规律。

图1-1 九连环

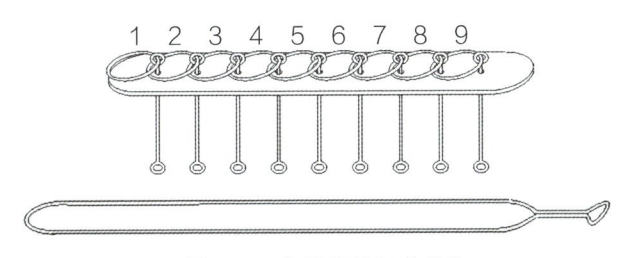

图1-2 九连环的组成构件

一 九连环 003

1 九连环的历史

据民间传说记载,解环类益智玩具在中国出现的年代非常久远。有些观点认为,可能在2 000多年前的战国时期,解环类益智玩具就已经出现。

成书于先秦时期的《庄子·天下》中,记录了哲学家惠施的"历物十事",其中在论述宇宙万物运行规律时说:

万物毕同毕异,此之谓大同异。南方无穷而有穷,今日适越而昔来。连环可解也。

唐代学者成玄英在《庄子注疏》中进一步解释:

环之相贯,贯于空处,不贯于环也,是以两环贯空,不相涉入,各自通转,故可解者也。

这里是说事物变化,亦如连环,虽有连续性,但又可分解;或者说物方生方死,连环亦然,毁坏之时即为可解。非常明确的是,这里所说的"连环",是可以解开的。据此,有人认为,此处的"连环"应该是一种解环类玩具,但目前还无法确证。

在西汉著名学者刘向(前77—前6)根据有关战国时期史料整理的《战国策·齐策六·齐闵王之遇杀》中,就记载了一个关于"连环"的故事,这个故事在冯梦龙的《东周列国志》中也有讲述。在秦昭襄王(前324—前251,前306—前251在位)统治时期,担任秦国丞相的著名政治家范雎推行"远交近攻"战略,为试探齐国,曾对秦昭襄王进言:"吾闻齐之君王后贤而有智,当往试之。"于是,秦王派使者将一件玉连环献给以贤能著称的齐国的"君王后",即齐国前国君齐襄王田法章的王后、时任齐国国君田建的生母,并转告说:"齐国有人能解此环者,寡人愿拜下风。"这明显带有挑衅含义。然而,这位没有留下姓名的齐国"君王后"果然气度不凡,看透了秦王的险恶用心,为了震慑秦王,"君王后命取金锤在手,即时击断其环,谓使者曰:'传语秦王,老妇已解此环讫矣。'使者还报,范雎曰:'君王后果女中之杰,不可犯也。'于是与齐结盟,各无侵害,齐国赖以安息。"

这里所谓的"玉连环",现在虽然难见实物,但从文中描述来看,应该就是某种解环类的智力测试装置。

西汉时期司马相如和卓文君的故事,被历代奉为才子佳人两情相悦、追求自由爱情的美谈。相传,司马相如先后写出《子虚赋》《上林赋》,以文采获得汉武帝赏识而飞黄腾达,成功实现由无名小辈到名满天下的华丽转身。之后,便打算纳茂陵女子为妾,冷淡了曾经患难与共的卓文君。某日,司马相如给卓文君送去了一封信,信中内容只有"一二三四五六七八九十百千万"十三个字。聪明的卓文君读后,看到一行数字中唯独少了一个"亿"。无亿亦无意,卓文君明白了司马相如的暗示,知道他对以往的情意已经淡漠,顿时泪流满面。她怀着十分悲痛的心情,回以《怨郎诗》,旁敲侧击,倾诉衷肠:

一朝别后,二地相悬。
只说是三四月,又谁知五六年?
七弦琴无心弹,八行书无可传。
九连环从中折断,十里长亭望眼欲穿。
百思想,千系念,万般无奈把郎怨。
万语千言说不完,百无聊赖,十依栏杆。
重九登高看孤雁,八月仲秋月圆人不圆。

一 九连环

七月半，秉烛烧香问苍天。

六月伏天，人人摇扇我心寒。

五月石榴红似火，偏遇阵阵冷雨浇花端。

四月枇杷未黄，我欲对镜心意乱。

忽匆匆，三月桃花随水转。

飘零零，二月风筝线儿断。

噫，郎呀郎，巴不得下一世，你为女来我做男！

司马相如看完卓文君的信后，不禁惊叹妻子之才华横溢，更遥想昔日夫妻恩爱之情，羞愧万分，从此不再提遣妻纳妾之事，两人得以白首偕老，安居林泉。

虽然司马相如和卓文君是历史真实人物，卓文君更是历史上有名的才女，然而这首诗从风格和用词上来看显然不可能创作于西汉时期，有人认为这一故事是元朝人杜撰的，但因为"九连环"这一提法还没有在元代或更早的其他文献中发现，所以这首诗问世的时间应当晚于元朝。既然这首诗不是卓文君所作，那么"九连环"这一名称也不可能在西汉就已经出现。

关于九连环的起源，民间还有一种说法：九连环出现于三国时期，因为诸葛亮常年征战在外，所以他为了让妻子排遣寂寞而发明了这一玩具。这一说法恐怕也是民间因崇敬诸葛亮的传奇智慧和高尚品格而杜撰的，没有实际根据。但可以肯定的是，三国时期，解环类益智玩具在民间一定是存在的。

唐宋时期，"连环"这一名词更是频繁出现，晚唐著名诗人李商隐（约813—858）的《赠歌妓二首》诗中，就有如下描述：

水精如意玉连环，下蔡城危莫破颜。

红绽樱桃含白雪，断肠声里唱阳关。

> 白日相思可奈何，严城清夜断经过。
> 只知解道春来瘦，不道春来独自多。

这里将"玉连环"和"水精如意"并提，前者必然指的就是一种像如意一样可以把玩的连环类玩具。当然，是不是"九连环"，还不能确定。较李商隐稍晚的晚唐诗人罗虬（约874年在世）在其《比红儿诗》中，也有"再三为谢齐皇后，要解连环别与人"的描述。显然，这里就是借用了前述《战国策》中的那个典故。

此外，北宋时期的著名词人周邦彦（1056—1121）有一首题为《解连环·怨怀无托》的词：

> 怨怀无托。嗟情人断绝，信音辽邈。纵妙手、能解连环，似风散雨收，雾轻云薄。燕子楼空，暗尘锁、一床弦索。想移根换叶。尽是旧时，手种红药。
> 汀洲渐生杜若。料舟依岸曲，人在天角。谩记得、当日音书，把闲语闲言，待总烧却。水驿春回，望寄我、江南梅萼。拚今生，对花对酒，为伊泪落。

在这首词的题目中，"解连环"是词牌名，但这一词牌原名为"望梅"。《钦定词谱》卷三十四中记载：

> 此调始自柳永，以词有"信早梅、偏占阳和"，及"时有香来，望明艳、遥知非雪"句，名《望梅》。

可能是因为周邦彦这首词写得太好了，故取"纵妙手，能解连环"中的一词，将这一词牌改名为《解连环》。

周邦彦在这首词中，以曲折细腻的笔触，婉转反复地抒写了词人对于昔日情人无限缱绻的相思之情，情思悲切，悱恻缠绵。在此后的宋词中，频见以《解连环》为词牌创作的佳作。如吴文英有《解连环·秋情》，张炎有《解连环·孤雁》，姜夔有《解连环·玉鞭重倚》，高观国有《解连环·柳》，陆游有《解连环·泪淹妆薄》。似乎从周邦彦重新定名开始，"连环"就具有了某种文学意象，反映的都是相思之情。

此外，宋代词人辛弃疾有一首《汉宫春·立春日》，其中也提到了"解连环"：

春已归来，看美人头上，袅袅春幡。无端风雨，未肯收尽余寒。年时燕子，料今宵梦到西园。浑未办、黄柑荐酒，更传青韭堆盘？

却笑东风从此，便薰梅染柳，更没些闲。闲时又来镜里，转变朱颜。清愁不断，问何人会解连环。生怕见花开花落，朝来塞雁先还。

以上在宋代文学作品中频繁出现的"解连环"，应该就是某种解环类玩具。此外还有学者指出，在成书于南宋宁宗赵扩（1194—1224在位）时期，"西湖老人"所撰的《西湖老人繁胜录》中，记述了南宋市场上的一种称为"解玉板"的玩具，这应该也是此类解环类玩具。

到了元代，杂剧家郑光祖（1264—?）以《战国策》中玉连环的故事为素材，创作了杂剧《丑齐后无盐破连环》。与《战国策》中君王后击断玉连环不同，剧中的无盐姑娘以其过人的聪明才智，轻易地拆解了玉连环，从而解除了危机。

由此可见，在唐宋元时期，连环类玩具已经非常流行了，遗憾的是，直到目前，也没有发现这些朝代的此类实物，各类文献中除了出现名称之外，也没有更多形制方面的描述。但以上文献中提及的"连环""玉连环"

都是可以"解"的,即使和今天的九连环差别极大,也应该是一种颇费周折之后,可以分开的解环类玩具。在今天的台北"故宫博物院",收藏着一件玉连环(图1-3),但这件玉连环很明显是无法解开的,与上述文献中出现的玉连环应该不是同一种东西。

图1-3 台北"故宫博物院"收藏的玉连环

关于"九连环"这一名称及其具体形制,在文献中的第一次完整准确描述,目前所知是在明代。在被誉为"明朝三大才子"之一的文学家、政治家杨慎(1488—1559)所著的《升庵集》中就有这样的记载:

九连环之制,玉人之巧者为之,两环互相贯为一,得其关捩,解之为二,又合而为一。今有此器,谓之九连环,以铜或铁为之,以代玉,闺妇孩童以为玩具。

从前文对九连环形制的介绍中可知,九连环的结构较为复杂,它的出现绝不会是突然的,应该在杨慎记录之前,就已经流行了一段时间。

据说,在清朝流传着这样一首与九连环相关的小曲:"有情人,送奴一把九连环,九呀九连环,十指纤纤解不开,拿把刀来割,割也割不开。"

而最广为人知的,当属经典名著《红楼梦》第七回"送宫花贾琏戏熙凤 宴宁府宝玉会秦钟"中的情节:薛姨妈让周瑞家的把她带来的宫里新做的新鲜花样儿堆纱花送给各位姑娘,当周瑞家的送花到林黛玉处时,发现

一 九连环 009

林黛玉不在自己房中。书中是这样写的:

> 谁知此时黛玉不在自己房中,却在宝玉房中,大家解九连环顽呢。

这里,曹雪芹没有详细描写黛玉和宝玉玩的九连环是什么样的,以及他们是怎么玩的,但可见到了清代,九连环已经成为社会上,特别是妇女儿童中非常流行的玩具了。这一风气甚至影响了清朝宫廷生活。美国益智玩具学者和收藏家雷彼得(Peter Rasmussen)收藏的一件做工精巧的翡翠银质九连环(图1-4),就被认为源于清朝宫廷。清朝末期的民俗画家吴友如创作过一幅题为《妙绪环生》的画作,也描绘了上海妇女和一男孩玩九连环的场景(图1-5、图1-6)。

图1-4 雷彼得藏翡翠银质九连环

图1-5 吴友如的画作《妙绪环生》　图1-6 吴友如的画作《妙绪环生》(细节)

美国学者雷彼得和其夫人张卫，多年来专注于中国传统益智类玩具的收集、整理和研究，出版了《趣玩Ⅰ：中国传统益智游戏》一书（图1-7），其中对九连环的历史、形制、原理、演变等进行了细致精深的研究，为我们提供了丰富资料。对九连环在中国的起源时间，雷彼得夫妇做出了较为稳妥和保守的推断。他们所收藏的大量九连环实物以及有九连环形象的图画、瓷器，大多都是清代中期之后的产物，虽然样式和用料丰富多样，但原理和形制基本是相同的。在材质上，既有高档的象牙，也有普通的铜铁（图1-8）。从他们的研究来看，从清代中晚期到民国时期，无论是在上流社会，还是在乡野村居，无论是在文人雅士中，还是妇孺之间，九连环都颇为流行。现代文学家茅盾在描述自己孩童时代的生活时，也提到了九连环，还称它是"当时的一种高级玩具"。

图1-7 《趣玩Ⅰ：中国传统益智游戏》封面

图1-8 雷彼得夫妇收藏的各类九连环玩具

当然，除了九连环，还有三连环、五连环、七连环，甚至十一连环、十三连环等，但九连环最为普遍和流行。其中原因，当然与中国古代以"九"为"阳数之极"的数字文化有关，"九"代表着至尊、至贵、至多。

一　九连环

2　九连环的原理

从原理上来说，九连环之类的解环类玩具，其理论基础都是数学中的拓扑学原理。而九连环的具体解法，则是一种递归方法。

拓扑学的英文名是 topology，直译是"地志学"，也就是和研究地形、地貌相类似的学科，是德国数学家莱布尼茨（Gottfried Wilhelm Leibniz，1646—1716）在 1679 年提出的概念。我国早期曾经翻译为"形势几何学""连续几何学""一对一的连续变换群下的几何学"等。拓扑学虽然是几何学的一个分支，但和通常的平面几何、立体几何不同，通常的平面几何或立体几何研究的对象是点、线、面之间的位置关系以及它们的度量性质，拓扑学则不关注研究对象的长短、大小、面积、体积等度量性质和数量关系，它只研究几何图形在连续改变形状时还能保持不变的一些特性，只考虑物体间的位置关系而不考虑它们的距离和大小。

在平面几何里，把平面上的一个图形移到另一个图形的位置上，如果完全重合，那么这两个图形叫作全等形。但是，在拓扑学里所研究的图形，在运动中它的大小或者形状都可能发生变化。在拓扑学里没有不能弯曲的元素。举例来说，尽管圆形、方形、三角形的形状、大小不同，但在拓扑变换下，它们都是等价图形。换句话讲，就是从拓扑学的角度来看，它们是完全一样的，这就是拓扑等价。简单来说，拓扑学就是研究有形的物体在连续变换下，哪些性质还能保持不变。对于九连环来说，几个环看上去套在一起，似乎不可能分开，但实际上它们是可以分开的。形象地说，就是穿着外套脱衬衣，乍一看好像是不可能的，但是如果胳膊短一些就有可能实现了。当然，胳膊变短是不现实的，那么可以再换个角度：如果衬衣足够肥大，或者有弹性、能拉得足够长呢？在这种情况下，就可以在不脱下外套的情况下把衬衣脱下来。

明白了九连环是根据拓扑学原理开发的益智玩具这一点，对于其解法就要从其结构来分析。九连环有一个独特的结构，即在9个环中，只有1号环和2号环既可以分别从环柄上解下或装在环柄上，又可以同时从环柄上解下或装在环柄上，而其他各环都只能单独从环柄上解下或装在环柄上，而且有严格的条件限制，这就是递归（recursion）。到底什么是递归？概括来说，如果在函数中存在着调用函数本身的情况，也就是第 N 个问题可以用已知的第 $(N-1)$ 个问题的解决办法来解决，这种现象就叫递归。递归本身也是一种算法，被大量运用在程序设计语言中。关于拓扑学和递归原理在九连环玩具上的具体应用，吴鹤龄教授在其著作《七巧板、九连环和华容道——中国古典智力游戏三绝》（图1-9）中，有全面详细的分析和介绍。

图1-9 吴鹤龄《七巧板、九连环和华容道——中国古典智力游戏三绝》封面

解九连环时，如果你想解下 N 号环，就要满足先解下 $N-2$ 号环及其之前所有环这一条件。具体来说：如果想解下9号环，就要先把7号环及其之前所有环解下来，环柄上只留8号、9号环；而如果要留8号环在环柄上，

必须要把6号环及其之前所有环解下来，环柄上只留7号、8号、9号环；而要留7号环在环柄上，又要把5号环及其之前所有环解下来，环柄上只留6～9号环；而要留6号环在环柄上，又要把4号环及其之前所有环解下来，环柄上只留5～9号环；而要留5号环在环柄上，又要把3号环及其之前所有环解下来，环柄上只留4～9号环；而要留4号环在环柄上，又要把2号环、1号环都解下来，环柄上只留3～9号环；而要留3号环在环柄上，又要把1号环解下来，环柄上只有2～9号环。解下8号环的原理也是一样，依此类推，循环往复，这就是递归现象，这与计算机的格雷码是同一原理，解九连环就是根据这一原理展开的。甚至有学者认为，格雷码的产生，是受到了九连环的启发。

3　九连环的解法

关于九连环的解法，根据雷彼得的研究，最早能看到的中文说明，是成书于1821年、署名为"贮香主人"的《小慧集》（图1-10），这是已知中国最早的九连环图形及其解法的版刻绘本。其书中九连环的形象，和现在的九连环已经基本一致了。虽然书中没有更多理论上的论述，但书中总结成表格的解套步骤，和现代解法是完全一致的。此外，清末民初学者徐珂在其《清稗类钞》一书中，也详细记录了九连环的解法：

> 九连环，玩具也，以铜制之，欲使九环同贯于柱上，则先上第一环，再上第二环，而下去第一环，更上第三环，而下其第一、第二环，再上第四环，如是更迭上下，凡八十一次，而九环毕上矣。

这也是在实践操作层面，揭示了九连环的正确解法。

图 1-10 《小慧集》中对九连环的介绍

九连环作为解环类玩具，其玩法就是要将其九个环从环柄上全部取下。九连环的初始状态是九个环都在环柄上，需要按照一种顺序和规则，经过穿套方式，将九个环全部从环柄上解下。当然也可以反向操作，将九个环全部从环柄之下安装到环柄之上。由于解锁方式复杂，因此大部分人望而生畏，但只要掌握了其中规律就不难顺利完成。通常，将某个圆环从环柄上解下称为"下"，反之将其安装到环柄上，称为"上"。

根据上述介绍的递归原理，在解九连环之前，必须要明白两个重要规则。首先，九连环的每个环互相制约，只有 1 号环能够自由上下，要想解下或安上 N 号环，就必须要满足两个条件（1 号环除外）：第一，N 号环前面的（$N-1$）号环一定要在环柄上；第二，（$N-1$）号环前面的所有环必须全部不在环柄上。其次，解九连环是一个逆向操作过程，要从最后面的 9 号环解下开始，前面解下的所有环，都是为了解下 9 号环创造条件，都还要再安上，不算是真正地解下来。在 9 号环解下之后，需要重复以上操作，才能依序将前面各环解下来。

具体来说，根据以上两个规则，如果要解下 9 号环，其解环顺序如下。

1 号、2 号、3 号环解下步骤：先解下 1 号环，之后可以解下 3 号环；再安上 1 号环，解下 1 号、2 号环，这样 1 号、2 号、3 号环就都解下了。

一 九连环

4号、5号环解下步骤：此时满足条件，5号环也可以解下，现在要解下4号环；而要解下4号环，又必须把3号环先安上，要安上3号环，又必须把2号环先安上，要安上2号环，1号环也要安上去，于是先将1号、2号环安上，将1号环解下，安上3号环，安上1号环，解下1号、2号环，这样就满足了解下4号环的条件，解下4号环；再考虑解下3号环，安上1号、2号环，解下1号环，解下3号环，安上1号环，解下1号、2号环。这样1～5号环就都解下来了，环柄上只有6～9号环。

6号、7号环解下步骤：这时7号环也满足解下条件，可以解下7号环。现在就是考虑如何解下6号环了。照例，解下6号环，需要5号环在环柄上，而要安上5号环，需要4号环在环柄上，要安上4号环，需要3号环在环柄上；要安上3号环，需要2号环在环柄上；要安上2号环，需要1号环在环柄上。于是先安上1号、2号环，然后解下1号环，安上3号环；再安上1号环，解下1号、2号环；再安上4号环；然后按照前述规则顺序，依次解下1～3号环；之后安上5号环，再按照前述规则顺序，依次解下1～4号环；这样6号环就满足条件、可以解下了，再按照前述规则顺序，依次解下1～5号环。

解下9号环，解环正式开始：因为此时7号环已经解下，这样环柄上就只有8号、9号环了，而9号环此时也满足了解下的条件，可以解下，从这时开始，才真正开始了解环。

这时，环柄上就只有8号环了。要解下8号环，又必须要7号环在环柄上，而7号环要安在环柄上，又必须满足6号环在环柄上，按照上面描述的规则，依次将1～6号环安到环柄上，再取下1～5号环，再将7号环安到环柄上，将1～6号环全部解下后，顺利将8号环解下。再重复这些步骤，依次将7号、6号、5号、4号、3号、2号、1号环从环柄上解下，这才彻底完成了九连环的解锁。要牢记这一规则：解下N号环，就是要先把

（N–1）号环前面的环全部解下；要解下（N–1）号环，则要首先把（N–2）号环前面的环全部解下，依次类推。需要特别注意的是，九连环的解下和安上是一个对逆过程，其中有大量重复操作，一定要注意目标是安上，还是解下，在冗长的操作过程中，极容易产生混淆，从而进入一种死循环状态。

4　解九连环需要多少步

既然是益智玩具，那么用最快的时间、最少的步骤完成九连环的解锁任务，自然是玩家追求的目标。关于解锁九连环最少需要多少步，有两种说法，一种是256步，另一种是341步。这两种说法其实只是计算步骤的方式不同，其过程是完全一致的。

根据前面所描述的规则，九连环中解下 N 号环的完整过程是：（1）先解下（N–2）号环及它之前的所有环，满足 N 号环解下的条件；（2）解下 N 号环需要1步；（3）为了解下（N–1）号环，需要再安上（N–2）号环；（4）再解下（N–1）号环。用公式表达就是 $f(N) = (N-2) + 1 + (N-2) + (N-1)$，由此可以推导出解下不同数量的环需要的步骤数：

1个环 = 1

2个环 = 1（2号环能同时和1号环上下）

3个环 = 1个环 + 1 + 1个环 + 2个环 = 1 + 1 + 1 + 1 = 4

4个环 = 2个环 + 1 + 2个环 + 3个环 = 1 + 1 + 1 + 4 = 7

5个环 = 3个环 + 1 + 3个环 + 4个环 = 4 + 1 + 4 + 7 = 16

6个环 = 4个环 + 1 + 4个环 + 5个环 = 7 + 1 + 7 + 16 = 31

7个环 = 5个环 + 1 + 5个环 + 6个环 = 16 + 1 + 16 + 31 = 64

8个环 = 6个环 + 1 + 6个环 + 7个环 = 31 + 1 + 31 + 64 = 127

9 个环＝7 个环＋1＋7 个环＋8 个环 =64＋1＋64＋127＝256

由此推算出完全解锁九连环需要 256 步。也有学者研究后发现，九连环的拆解方式，和计算机的格雷码为同一原理，因此利用这一规律，推导出公式 $f(N) = 2^{N-1}-1$（当 N 为偶数时），或 $f(N) = 2^{N-1}$（当 N 为奇数时），其计算结果和上述结果完全一样。

而认为解锁九连环需要 341 步的说法，则依然是根据格雷码原理，推导出计算公式得来的。其公式为 $f(N) = \dfrac{2^{N+1}-1}{3}$（当 N 为奇数）；或 $f(N) = \dfrac{2^{N+1}-2}{3}$（当 N 为偶数时），从而推导出：

1 个环 = 1

2 个环 = $\dfrac{2^{2+1}-2}{3} = \dfrac{2^3-2}{3} = 2$

3 个环 = $\dfrac{2^{3+1}-1}{3} = \dfrac{2^4-1}{3} = 5$

4 个环 = $\dfrac{2^{4+1}-2}{3} = \dfrac{2^5-2}{3} = 10$

5 个环 = $\dfrac{2^{5+1}-1}{3} = \dfrac{2^6-1}{3} = 21$

6 个环 = $\dfrac{2^{6+1}-2}{3} = \dfrac{2^7-2}{3} = 42$

7 个环 = $\dfrac{2^{7+1}-1}{3} = \dfrac{2^8-1}{3} = 85$

8 个环 = $\dfrac{2^{8+1}-2}{3} = \dfrac{2^9-2}{3} = 170$

9 个环 = $\dfrac{2^{9+1}-1}{3} = \dfrac{2^{10}-1}{3} = 341$

其实，二者之间的差别就在于对 1 号环、2 号环统计方式的不同。前面讲过，在九连环中，只有 1 号环和 2 号环比较特殊，可以同时上下，如果将每次1号环和2号环的同步动作算作一步的话，解九连环需要256步；若算作两步，则需要341步。

以解下4个环为例，第一种算法是7步：（1）解下1号环、2号环；（2）解下4号环；（3）安上1号环、2号环；（4）解下1号环；（5）解下3号环；（6）安上1号环；（7）解下1号环、2号环，完成。而第二种算法是10步：（1）解下2号环；（2）解下1号环；（3）解下4号环；（4）安上1号环；（5）安上2号环；（6）解下1号环；（7）解下3号环；（8）安上1号环；（9）解下2号环；（10）解下1号环，完成。

九连环是中国古代连环类益智玩具中的经典代表，其奥妙之处在于解环过程中环环相扣的连续性，长期以来，让很多人知难而退、望而却步，民间也有俗语云："解不开的歧中易，摘不下的九连环。"用九连环来比喻某种比较难解的益智谜题，自古就被赋予了聪明与智慧的象征意义，以至民间还出现了用这种连环制作的锁具（图1-11）。随着环数的增加，解环的步骤将呈几何级数递增，对于提升人们的逻辑思维能力及锻炼手指筋骨大有好处，还可以培养专注精神，考验耐心和毅力，所以九连环实为老少咸宜的游戏。目前，世界公认的九连环解锁世界纪录是2分23.384秒。当然，还可以根据需要自行减少或增加环数，如改为五连环、七连环以适当降低难度，或改为十一连环、十三连环以提高难度。无论减少环数还是增加环数，其本质上都没有改变解环方法，因此通常所见仍以九连环为主。在雷彼得的藏品中，有一件六十四连环（图1-12），他做了一个有趣的测算，套用$f(N)=\dfrac{2^{N+1}-2}{3}$这一公式，所用步骤将是2的65次方减2，然后除以3，其数值是非常惊人的。举个例子，如果以一秒移动一个圆环的速度来解锁这个六十四连环，每天24小时不停歇，也需要将近3 900亿年才能解开它。

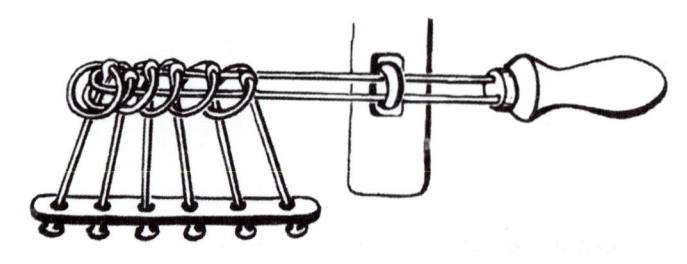

图 1-11　用连环制作的锁具

图 1-12　雷彼得收藏的六十四连环

5　其他解环类玩具

　　九连环在解环类益智玩具中最具代表性，也是流传最广、成熟度最高的一种。同样依据拓扑原理的相似的解环类益智玩具还有不少，在中国，人们一般称之为"巧环"或"智环"。

　　巧环一般是用铁丝、铜丝等金属丝，根据创作者的巧思，连贯地折弯成形状富于变化的环架，再用金属丝做成一个独立的圆环，或者将这个独立的圆环变形为一定形状的环柄，按照某种规则，将它套在环架之中。此外，往往为了增加游戏的难度，还要在环架上套上若干固定圆环或其他障碍。巧环的玩法就是要根据一定的规则，将独立的圆环或者环柄从环架上解下来。巧环游戏的难易程度和趣味性取决于环架的设计。巧环不像九连环那样形式相对固定，巧环环架的形状设计依赖于创作者无尽的创造力（图 1-13）。虽然每一种巧环的解法都不尽相同，但其依据的原理都是拓扑理论。

图 1-13　各种样式的巧环

尽管在历史上，巧环类玩具的出现应该早于九连环，但其出现在中文文献的明确记载中的时间则要晚很多。前文所述历史很悠久的"玉连环"可能就是用玉制成的此类玩具。第一次系统性总结和介绍巧环的著作，是1958年由俞崇恩先生编写、上海文化出版社出版的《巧环》（图 1-14），书中介绍了巧环的制作方法和原理，以及 24 种巧环的图形及其解法。此书在 1999 年再版时，更名为《千变万化的九连环》（图 1-15）。

图 1-14　俞崇恩先生编写的《巧环》封面

图 1-15　俞崇恩先生编写的《千变万化的九连环》封面

一　九连环　021

近些年来，随着商品经济的发展，巧环类益智玩具在市面上大量出现，在能工巧匠、巧环爱好者以及市场需求的共同推动下，巧环造型越来越丰富多样，而且更新颖的设计还在不断出现。

还有一类玩具和巧环类智力玩具近似，但也略有不同，这类玩具在中国民间最有影响力和代表性的就是马蹄锁。它由两个马蹄形的环、连接两个环的链条和一个小环组成，中间的小环比两边的马蹄形环都小，而且三个环都很硬。如何将小环拿下来？在一个平面上这当然不可能实现，但如果把两个马蹄形环旋转折叠，小环就很容易被解下来（图1-16）。还有一类益智类玩具，虽然不是以"环"的形式出现，但解法相似，都是通过空间折叠、旋转的方式实现解锁，本质上也是运用了拓扑原理，被统称为"金蝉脱壳"（图1-17）。这类玩具因为制作简单，玩法多样，所以市面上种类很多。

图1-16 马蹄锁初始、翻转对折后和解开后的状态

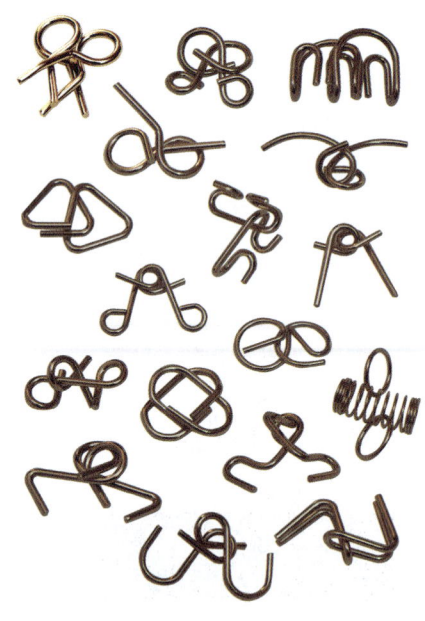

图1-17 "金蝉脱壳"类解锁玩具

此外，还有一类不是用坚硬的金属丝制作，而是用绳索等软性材料制

作的解套玩具，尽管外观千姿百态、形式多样，但原理、玩法和巧环近似，都是运用了拓扑理论。

6　九连环在西方的流行

几乎就在中国明朝的杨慎第一次详细描述九连环的同时，九连环也出现在欧洲的各种文献中。根据雷彼得在《趣玩Ⅰ：中国传统益智游戏》一书中的介绍，已知西方最早关于九连环的描述，来自意大利数学家卢卡·帕乔利（Luca Pacioli，约 1445—1517）。在他写于 1496—1509 年的手稿《数的次幂》（De Veribus Quantitatis）中，帕乔利针对这个游戏写下了"你想有多少个环就有多少个环"这样的话，并且附上了一个将七个环套到环柄上的解法。稍晚一些时候，另一位意大利数学家吉罗拉莫·卡尔达诺（Girolamo Cardano，1501—1576）在其 1550 年的著作《事物之精妙》（De Subtilitate）一书中，也写到了七连环，并详细描述了其解开的规律和步骤，并提醒读者："把第一环套上后，马上就得将第一、第二环同时解下；解下第一环时，要先将第一、第二环先同时套上。"因此，西方又称九连环游戏为"卡尔达诺环"（Cardano's rings）。此后，在 19 世纪初中国的贮香主人的《小慧集》记载九连环玩法大致相同的时期，在 1786 年德国出版的《自然魔法课》一书中，第一次出现了带环柄的九连环，其形象和现代九连环就已经完全一样了（图 1-18）。非常有趣的是，16 世纪之后在欧洲出现了大量此类玩具，有五环的、六环的、七环的，甚至有十一环、十三环的，但在中国，基本上只有九连环。从 18 世纪初开始，在日本文献中，也出现了关于九连环的记载。

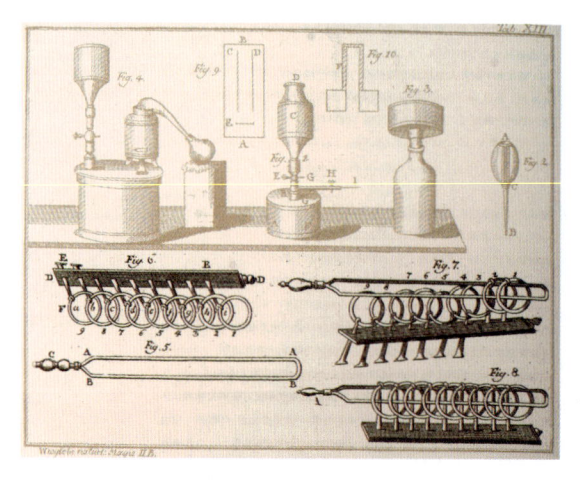

图1-18　1786年《自然魔法课》一书中出现的九连环

正因为如此,九连环最早到底是由中国发明,还是西方国家发明,一直是一个历史之谜,目前还没有确凿证据能解答这一问题。雷彼得在研究中,也保持谨慎态度,引用了德国慕尼黑大学数学教授安德烈斯·欣茨（Andress Hinz）教授的结论:

中国文史资料中缺乏在帕乔利和卡尔达诺之前对连环游戏的描述,然而近代人们却将连环游戏冠以"中国环"这个名称,所以我们对连环游戏可能起源于中国的说法持谨慎态度。虽然确定该游戏的单一起源地十分困难,但是它很可能只被发明过一次。游戏的圆环、环梗及底板等部件组合相对复杂,分别由来自不同文化的几个人同时发明的可能性变得很小。

但英国著名科学史专家李约瑟（Joseph Needham）则倾向于中国发明的说法,并且在其著作《中国科学技术史》第三卷中推测,拓扑学上的中国九连环之谜,可能是从算盘演变出来的。这一说法也许并不正确。解开这一历史谜题,恐怕还需要一定的时日,寻找新的证据。如果九连环起源于中国,那么其传播到西方的时间和途径,极可能与明代进入中国的欧洲传教士息息相关。

　　但有一个不争的事实，随着明清以来中西方贸易的繁盛，特别是19世纪中期中国的对外开埠，大量以象牙、玉石为材料，产于中国、带有鲜明中国文化元素的精美九连环出口到欧美国家，这也扩大了中国九连环的影响。在欧美收藏界，就发现了不少此类藏品，它们既是益智玩具，也是极其精美的工艺品，一直受到欧美收藏界的青睐（图1-19、图1-20）。

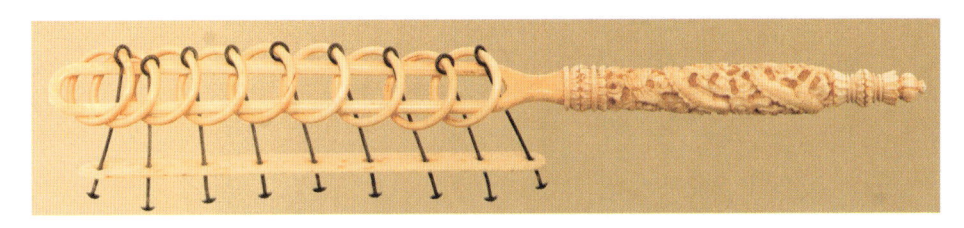

图1-19　雷彼得收藏的中国产外销欧美的象牙九连环

图1-20　法国画家路易-艾米勒·皮内尔·德格朗尚
（1822—1894）于1882年创作的油画《中国游戏》

二

七巧板

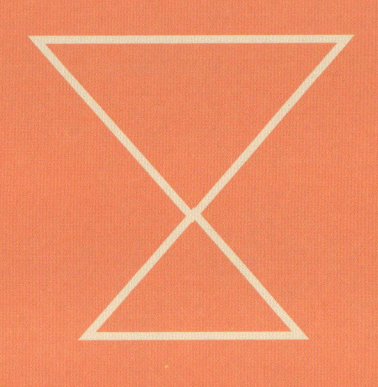

七巧板也称七巧图、智慧板，是中国传统拼图类益智玩具的代表。它设计科学、制作简单、构思巧妙、变化无穷，对于活跃形象思维能力、提升图形识别能力、发展认知技巧、提高发散思维水平，以及在增强视觉分辨、手眼协调等能力方面，都有积极的作用，深受社会各界欢迎。

1　七巧板的基本形制和原理

标准的七巧板是由一个正方形切割为七块小板而得到的（图 2-1），包含两块大的等腰直角三角形板、一块中等大小的等腰直角三角形板、两块小的等腰直角三角形板、一块正方形板和一块平行四边形板。制作七巧板的材料多种多样，物美价廉的纸板、木板，高级奢华的贵金属等均可。从实用角度来看，由于材料的易取性、制作的简单性、使用的便捷性，绝大多数七巧板是用各类木材制作的（图 2-2）。当然，随着现代科技的发展，各类塑料由于价格低廉、制作简单、色彩丰富、美观耐用，逐渐成为市场主流。一副七巧板的尺寸可大可小，但组成同一副七巧板的七块板子的尺寸，则有着严格的比例关系。吴鹤龄先生在其《七巧板、九连环和华容道——中国古典智力游戏三绝》一书中对这种比例关系，从数学的角度进行了充分的总结。

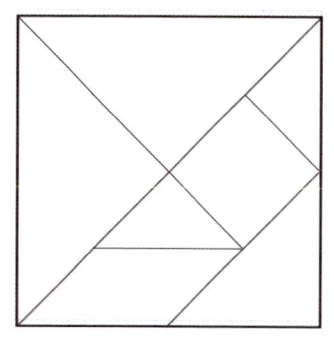

图 2-1　七巧板的标准形制　　　　图 2-2　七巧板玩具

首先，从长宽比例来说，如果定义小三角形的两个直角边边长，以及正方形的边长、平行四边形的两条短边长为1，那么小三角形的斜边长，以及中三角形的直角边长和平行四边形的两条长边长就是$\sqrt{2}$，大三角形的直角边长就是2，大三角形的斜边长就是$2\sqrt{2}$。也就是说，一副七巧板的七块板子的所有边长有1、$\sqrt{2}$、2、$2\sqrt{2}$四种。

其次，从角度比例来看，一副七巧板的七块板子都是凸多边形，其中五个三角形都是等腰直角三角形，一个是正方形，一个是边长比例为$1:\sqrt{2}$的平行四边形，因此，它们的内角都是45°或45°的倍数。也就是说，一副七巧板的七块板子的所有内角有45°、90°、135°三种，其比例关系是1∶2∶3。

最后，从面积比例来看：（1）全部七块板子能拼成一个大正方形；（2）两块大等腰直角三角形可以拼成一个中等正方形，面积是大正方形的一半；（3）其他的五块板子又可以拼成一个和中等正方形面积相等的正方形；（4）五块板子中的两块小等腰直角三角形可以拼成一个小正方形，面积和五块板子中原有的小正方形面积相等，且两个小正方形各占由五块板子组成的中等正方形面积的四分之一。也就是说，如果我们定义七巧板中的小三角形面积为1，那么正方形、平行四边形、中三角形面积就为2，大三角形的面积就为4。

七巧板的七块板子在长度、角度、面积上的严格比例关系，为七巧板拼出丰富图形奠定了数学理论基础。尤其从面积比例来看，七巧板体现了中国古代数学中的"出入相补理论"。所谓"出入相补"，又称"以盈补虚"，即一个平面几何图形（或立体几何图形）被分割成若干部分后，面积或体积的总和保持不变。进一步说，就是一个平面几何图形（或立体几何图形）从一处移至他处，面积（或体积）不变。如果把这个平面几何图形（或立体几何图形）分割成若干块，那么各部分面积（或体积）的和等于原来图形的面积（或体积），因而图形平移或分割前后诸面积（或体积）间的和就有了简单的相等关系。这一理论最早由魏晋时期数学家刘徽提出，在其《九章算术注》中就有描述：

勾（注：原文为句）、股各自乘，并，而开方之，即弦。勾（注：原文为句）自乘为朱方，股自乘为青方。令出入相补，各从其类，因就其余不移动也，合成弦方之幂。开方除之，即弦也。

在以上论述中，刘徽还提到，"出入相补"理论与著名的勾股定理之间，有非常重要的互证关系。也就是说，用"出入相补"理论，可以证明早在《周髀算经》中就已经有完整论述的勾股定理，"出入相补"理论所谓的"正方形切割术"，实际上也是对勾股定理的进一步延伸运用。嘉庆十八年（1813年）由桑下客编辑出版的第一部七巧图论著《七巧图合璧》中也说"七巧源出于勾股法"，也提到了七巧板与勾股定理之间的这一关系。

具体来说，一副七巧板就是一个大正方形，其中的两块大等腰直角三角形可以拼成一个中正方形，其他的五块又可以拼成一个中正方形，将这三个正方形的边两两相连，勾股定理中直角三角形三条边需要满足的条件"$a^2 + b^2 = c^2$"这一公式，就被这两副七巧板简单形象地展现了出来（图2-3）。

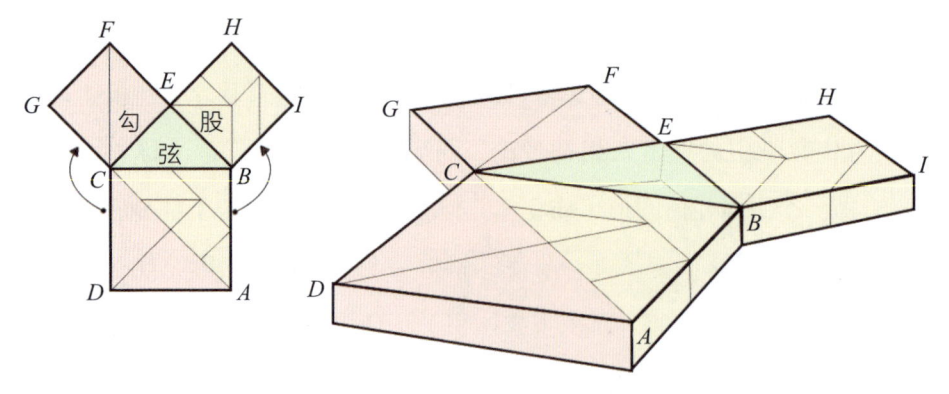

图 2-3　用七巧板验证勾股定理

如图 2-3 所示，大正方形的面积，就是其边长的平方 BC^2；同样也可以是两个面积完全相等的中正方形面积相加，也就是 $EC^2 + EB^2$，这样就得出 $BC^2 = EC^2 + EB^2$，在三角形 BCE 中，BC 是斜边（c），EC 和 EB 是两个直角边（a 和 b），也就得到 $a^2 + b^2 = c^2$，这不就是勾股定理的公式吗？七巧板就是通过以上直观便捷的方式，把一个数学上的定理轻松地演示了出来，这反映了中国古代数学高超的发展水平和古代劳动人民的聪明智慧。这一原理不但是七巧板的基本拼图规则，也可以看作七巧板最简单的制作方法。

2　七巧板的缘起

目前学术界的主流观点认为，七巧板起源于中国传统的木作家具，其基本思想可以追溯到北宋。

北宋时期著名的文字学家和书法家黄伯思（1079—1118，字长睿，福建邵武人）为了宴客的方便，发明了一组长方形桌几，还配套绘制出了一些将这些桌几拼组摆放的图形，基本思路是通过几个桌几的不同拼组方式，来创造更加丰富的样式，可以根据来客人数和场地的需要，在筵席上任意拼摆。比如四人可拼组成正方形，六人可拼组成六边形，这样用餐时人人方便。他将这套桌几称为"燕几",也就是"宴几",即宴请宾客的桌几,这实际上就是世界上最早的一套组合桌。他最开始设计的是六张长方形桌几,名为"骰子桌",后又添置一件,更名为"七星桌"。全套七张桌几均为长方形,宽、高一致,均为宽1尺7寸5分(当时的1尺约合现在的31.68厘米)、高2尺8寸,两张长桌长7尺(长宽比4∶1),两张中桌长5尺2寸5分(长宽比3∶1),三张小桌长3尺5寸(长宽比2∶1)。虽然黄伯思所设计的这七张桌几都是简单的长方形,但他还是非常严谨地设计出了25类共76种拼组方式,并为每一种拼组方式起了形象的名称。有些拼组是七张桌几全部使用,有些拼组则只用到了七张桌几中的一部分,自由随意、变化丰富(图2-4、图2-5)。

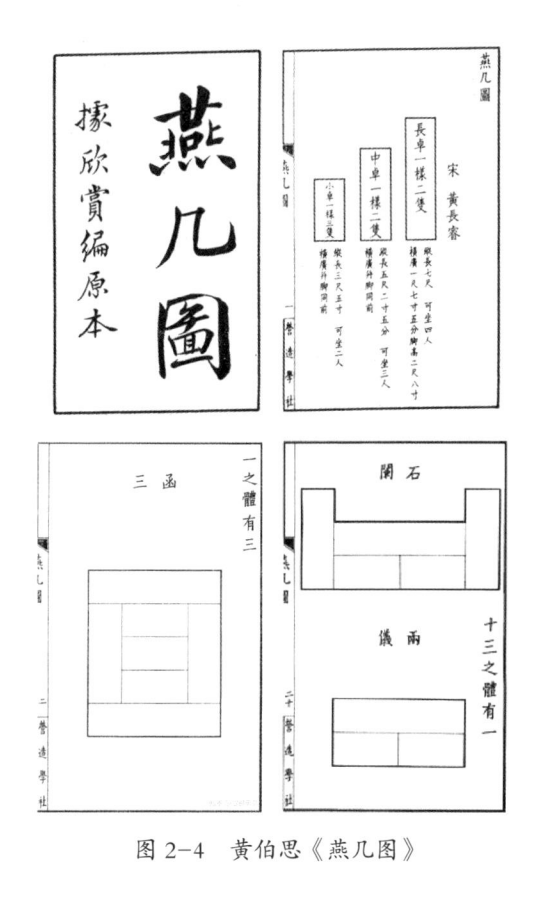

图2-4　黄伯思《燕几图》

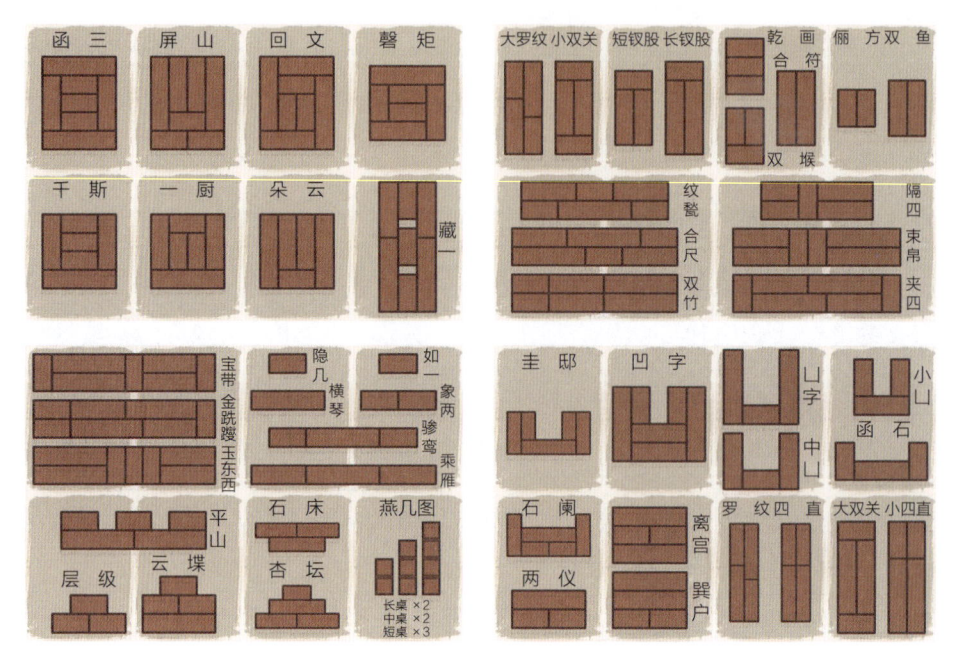

图 2-5 黄伯思《燕几图》拼组图样

到了明代，明式家具的发展进一步丰富了黄伯思"燕几图"的桌几组合思路，还出现了一套共计 13 件的组合桌几，随之出现的就是戈汕的《蝶几谱》。《蝶几谱》在《四库全书》中，曾被误载为严澂所撰，在《四库全书总目提要》中就记载："《蝶几谱》一卷（江西巡抚采进本），明严澂撰。澂有《松弦馆琴谱》，已著录。是编因《燕几图》而变通之。《燕几》以方几长短相参，此则以勾股之形作三角相错，形如蝶翅，故曰《蝶几》。其式有三，其制有六，其数十有三，其变化之式凡一百有馀，较《燕几图》颇巧云。"后根据康熙年间（1662—1722）的《常熟县志》及《蝶几谱》的汲古阁最早刻本，此错误才得以纠正。

戈汕，字庄乐，生于万历十年（1582），卒年不详，江苏常熟县（今苏州市常熟市）人。他在 1617 年出版的《蝶几谱》里，设计出了一套共计 13 件的组合桌几，因桌几几面恰似蝴蝶的翅膀而得名"蝶几"。根据书中的记载，全套桌几共 13 件，高度均为 2 尺 8 寸（当时的 1 尺约合现在的 32 厘米）。

按几面形状及大小分为六种，其中称"长斜"（等腰梯形）的桌几两件，称"左半斜"（左腰直角梯形）和"右半斜"（右腰直角梯形）的桌几各两件，称"中三斜"（中等腰三角形）的桌几四件，称"大三斜"（大等腰三角形）的桌几两件，称"闰"（小等腰三角形）的桌几一件。"长斜"即底角为45°的等腰梯形，上底长为下底长之半。此下底长是这套蝶几的基本尺寸，最长7尺，减短可至6尺。假设下底长用$2l$表示，则上底长为l，梯形高为$\frac{l}{2}$。两种"半斜"为将长斜顺中垂线截开而得的45°直角梯形，下底长为l，上底长为$\frac{l}{2}$。两种"三斜"和"闰"均为等腰直角三角形。中三角形的斜边长为l，小三角形的直角边长为$\frac{l}{2}$，大三角形的直角边长为l。由此知：大三角形可由两个中三角形拼成，中三角形可由两个小三角形拼成，中三角形的直角边长等于大三角形斜边长的一半，也等于小三角形的斜边长。做样板时可用裱好的纸画正方形，使各边长为$2l$。过各边中点作内接正方形，如此在四角可得到四个大三角形。作内接正方形的一条对角线，再过其各边中点作此对角线的平行线，即得两个长斜和两个中三角形。中分一个长斜和一个中三角形，即得两个半斜和两个小三角形。顺这些线裁开，所得即各几面的样板（图2-6）。

戈汕在《蝶几谱》一书中，以29幅版面展示了其设计的组合几面形状，共分方、直（矩形）、曲（曲折形）、楞（六棱形）、空（中空）、象（象形）、全屋排（陈设）、杂（其他）等八类共76种桌面拼合方式。《蝶几图》改变了《燕几图》以长方形为基本形制的规则，改为以斜角形为基本形制创造组合家具，这无疑使得《蝶几图》的形式更加多样，构思更加新颖，变化也更加丰富，很多拼组颇具象形意味，戈汕为它们起了蝴蝶、轻燕、飞鸿、双鱼、桐叶、秋葵叶、女墙、曲池、茆亭、古鼎、短蓑、野店等形象的名称，令见者叹为观止（图 2-7、图 2-8）。戈汕在书中说：

> 统几之数，凡十有三者。……随意增损，聚散咸宜而不碍也。时摊琴书而坐，亲朋至藉觞受枰。每一改陈之，辄得一变。

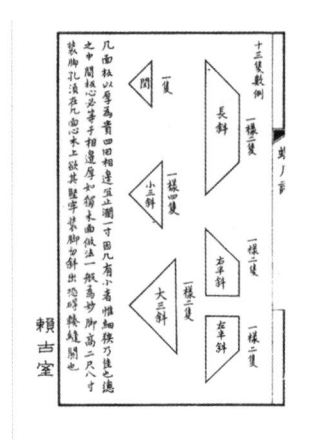

图 2-6　戈汕《蝶几图》及桌几制式

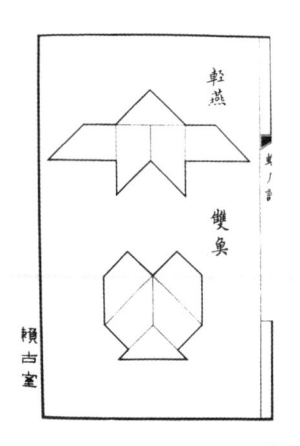

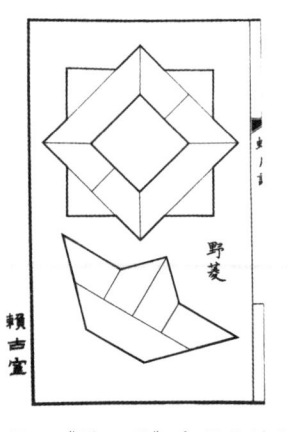

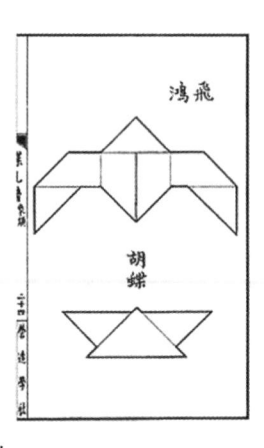

图 2-7　戈汕《蝶几图》中所录拼法图样

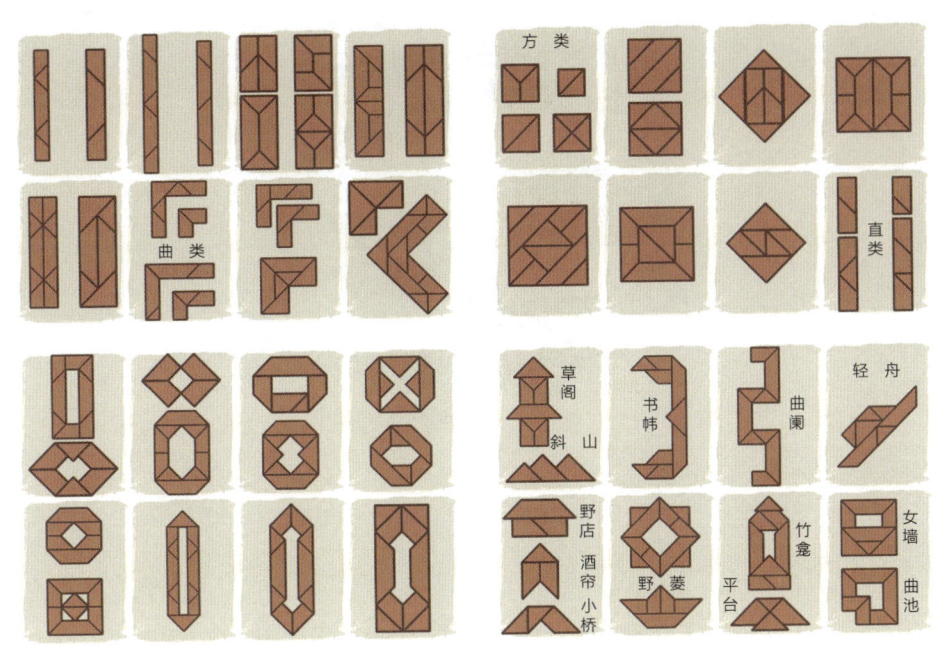

图 2-8　戈汕《蝶几图》中所录拼法图样

《燕几图》中七件桌几的设计和组合显得有些笨拙，而《蝶几图》中 13 件桌几在房间中排布组合，也未免有些复杂。于是这种组合家具到了清代产生了新的变化。在历代工匠们的长期实践中，很可能从便利性和实用性的角度出发，以及古人尚七（七在中国古代也是吉祥数字），于是在清代就出现了一套总计七件的组合桌几，并有了一个明确的名称"七巧桌"。在北京颐和园的排云殿西厅就藏有一套七巧桌，美国学者雷彼得在其著作《趣玩 I：中国传统益智游戏》一书中，也记载了多件他收藏的此类组合家具（图 2-9）。

二　七巧板　037

图 2-9　雷彼得收藏的清代七巧桌

但"七巧桌"的桌几形制分割方式是如何确定下来的，依然没有明确的记载。目前我们还没有发现"七巧桌"的起源以及从蝶几转变为七巧桌的过程的相关理论著述，但这一演变脉络应该是显而易见的。也有学者认为，清代七巧桌的图形来源于蝶几，就是将"蝶几图"取其右半部分，再切割两刀而成（图 2-10）。这一观点，目前还没有得到相关资料的佐证。

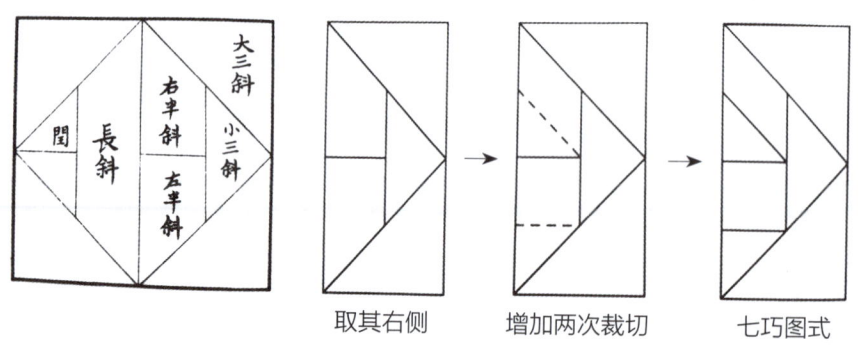

取其右侧　　增加两次裁切　　七巧图式

图 2-10　从《蝶几图》到七巧桌的变化

清代出现的七巧桌其分割方式已经固定，和现在的七巧板完全一致。目前我们能看到的所有清代七巧桌，无疑都是放大了的、有一定实用价值的七巧板。

3 七巧板的出现

从宋代的燕几图,到明代的蝶几图,再到清代的七巧桌,有一条相对明晰的传续链条,而有关益智玩具七巧板的文献记载则相对较晚,并且出现得也比较突兀。尽管如此,我们仍可以根据资料推断,作为益智玩具的七巧板的起源与七巧桌这一中国木作家具的图样有着千丝万缕的联系。还有一种可能,它们是相互影响的,毕竟作为游戏道具的玩具,在古代社会是不受重视的,在传统士大夫眼中,研究开发玩具甚至有玩物丧志的嫌疑,因此作为玩具的七巧板在历史文献中被记录的可能性并不大。当然,二者之间孰早孰晚,抑或二者之间是否存在相互促进的关系,还有待发现。

作为益智玩具的七巧板,在中文文献中目前所知最早的记录,出自1813年署名为桑下客编写的《七巧图合璧》,书中收录了334个七巧板拼图及相关图解,已经非常成熟(图2-11)。桑下客在序言中提及此书的缘起时说:

去岁云间(注:今上海松江区)徐恕堂摹绘一百六十种刊行,余未及见。今夏王子毅园自其乡携来吴下(注:今苏州),又增其弟春生所推广者,共成二百余图示予。余亦姑置之。雨牖无事,回与同人互相寻绎,觉转移之妙,层出不穷。又推鄙意,得百余图,合为一册。不敢秘诸枕中,爰付剞劂,以公同好。是为序。

时在嘉庆昭阳作噩且月(注:1813年)中浣桑下客识

从以上序言中可知,作为益智玩具的七巧板及其玩法,并不是桑下客的发明,在此前已经出现,且已有人整理出了160种拼组图形,又由"春生"发扬光大,多至200多种图形,说明当时七巧板的玩法已相当成熟,《七巧图合璧》只是对前人成果的搜集整理和推陈出新,其中所收录的334

个图形就是在此前基础上发展出来的。目前所知最早的七巧板实物在1802年就已经在中国出现,并被西方商人带到了美国,这必然是七巧板在中国已经非常流行才可能出现的结果。由此可见,作为益智玩具的七巧板的出现,要远远早于1813年。这种一出现即成熟的现象,似乎更进一步说明了七巧板源自七巧桌的论断。

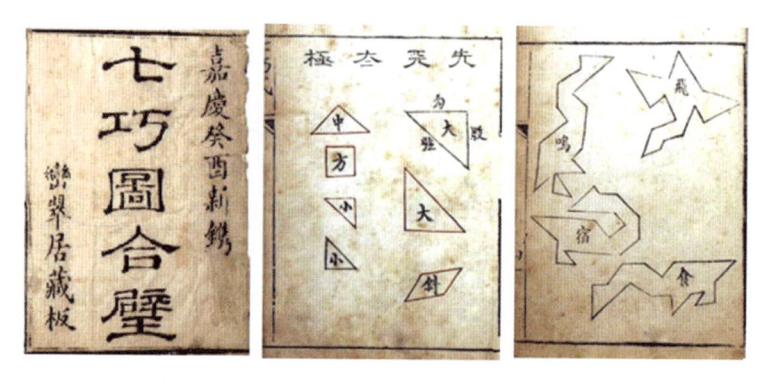

图 2-11 嘉庆版桑下客编撰的《七巧图合璧》

图 2-12 是《七巧图合璧》中收录的部分拼组图形:

图 2-12 《七巧图合璧》中收录的部分图形

《七巧图合璧》出版之后，非常受欢迎，在道光、咸丰、光绪等年间都有重印，在个别版本的《七巧图合璧》包装函套中，还附带有一副七巧板，和现在的七巧板样式完全一致（图2-13、图2-14）。

图2-13 附带有红木七巧板的《七巧图合璧》

图2-14 附带有象牙七巧板的《七巧图合璧》

除了《七巧图合璧》之外，有关七巧板的清代文献，还有1867年胡敏翼编纂的《七巧图》和1875年钱芸吉编纂的《七巧八分图》（也叫《秋芬室七巧图》）（图2-15、图2-16）。《七巧八分图》序言中记载："七巧板传世久矣，源于勾股，意蕴精深，端倪层出不穷。"因此，该书也认为七巧板的来源与勾股定理有关。该书还收录了1706张七巧板的拼组图形（图2-17），分为16个类别，随书也附送一套锡制的七巧板，让读者在阅读之余，可以立即上手拼组，考虑得十分周到。

图2-15 胡敏翼编纂的《七巧图》

图2-16 钱芸吉编纂的《七巧八分图》

二 七巧板 041

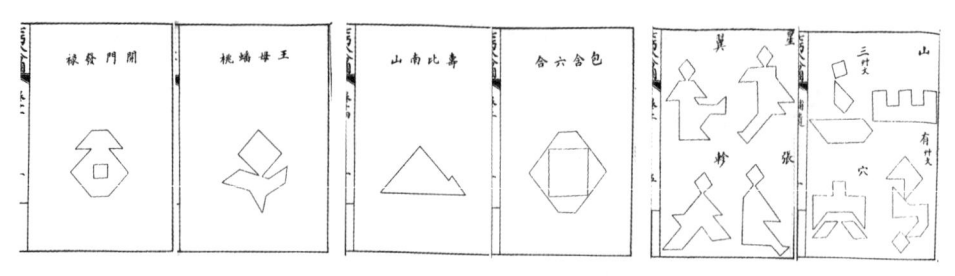

图 2-17 《七巧八分图》中收录的部分图形

　　七巧板出现之后，很快就流行起来，尤其受妇女和儿童喜爱。除了在民间流行，在皇宫内院，皇亲国戚们对七巧板也情有独钟。细心的美国益智玩具收藏家和学者雷彼得在其《趣玩Ⅰ：中国传统益智游戏》一书中就指出，在清末民初学者徐珂编纂的《清稗类钞》中，就有道光皇帝的孝全成皇后玩七巧板游戏的记录。据记载，她亲自用七巧板拼出了"六合同春"四字（图 2-18）。在当时的皇宫造办处档案中，还发现了造办处接到要为后宫嫔妃制造五套七巧板的任务的记载，材料有紫檀木、象牙等。清朝末期的民俗画家吴友如绘制的反映 19 世纪末上海大户人家中妇孺家庭生活的作品《天然巧合》中，也描绘了仕女玩七巧板的场景（图 2-19、图 2-20）。

图 2-18 孝全成皇后用七巧板拼出"六合同春"

图 2-19　吴友如的风俗画
《天然巧合》

图 2-20　吴友如的风俗画
《天然巧合》(细节)

民国时期，七巧板并没有随着清王朝的灭亡而消失，依然在民间盛行。从雷彼得收集到的大量清末民初社会生活资料中，就可以看到七巧板依然在民间广为流传。当时的文化名人鲁迅、周作人兄弟，对小时候玩七巧板游戏的情节也都有过描述。周作人在其《七巧图》一文中就写道：

> 小时候玩过的书本里头，最不能忘记的要算七巧图了。回想起来，当时所见者只是一册极普通的《七巧八分图》，实在并没有什么好，就是一种坊本而已，但是有些图如莲叶、百合、游鱼，简洁浑厚，有古典之趣，此所以不可忘也。

4　七巧板的玩法

七巧板虽仅由七块小板子组成，但变化丰富，可塑性极强，在熟练的游戏者手中，可以拼组成动物、植物、山水、文字、图画，以及交通工具、房亭楼阁，甚至诗词意境等图形，赋予游戏者极大的创造和想象空间，妙趣横生，乐趣无穷。多年来不乏痴迷者不断丰富其中图案，使其更加引人入胜。

玩七巧板，可以说有两个境界。第一个境界：对初学者来说，最好要先认真琢磨这七块板子，对每块板子的关系，以及相互之间可能的组合图形谙熟于心，根据前人已经创作好的图形，模仿拼组出图案。不要小瞧这个过程，有些已经创作好的图案，是有拼组细节的，也就是可以看到每一块板子的具体位置，这些图形的模仿拼组当然非常容易，按图索骥，不应该有问题；但有些图形，只给出了外部轮廓，并没有拼组细节，没有标注每块板子的具体位置，再加上多数图形是非常概念化和抽象的，因此，要搞清楚如何用七块板子将其拼组出来，并不是一件容易的事。图 2-21 和图 2-22 中，罗列出了一些前人已经创作好的图形，有些有内部细节，有些没有，初玩者可以先从简单的入手，先从模仿有细节的图形开始，一步一

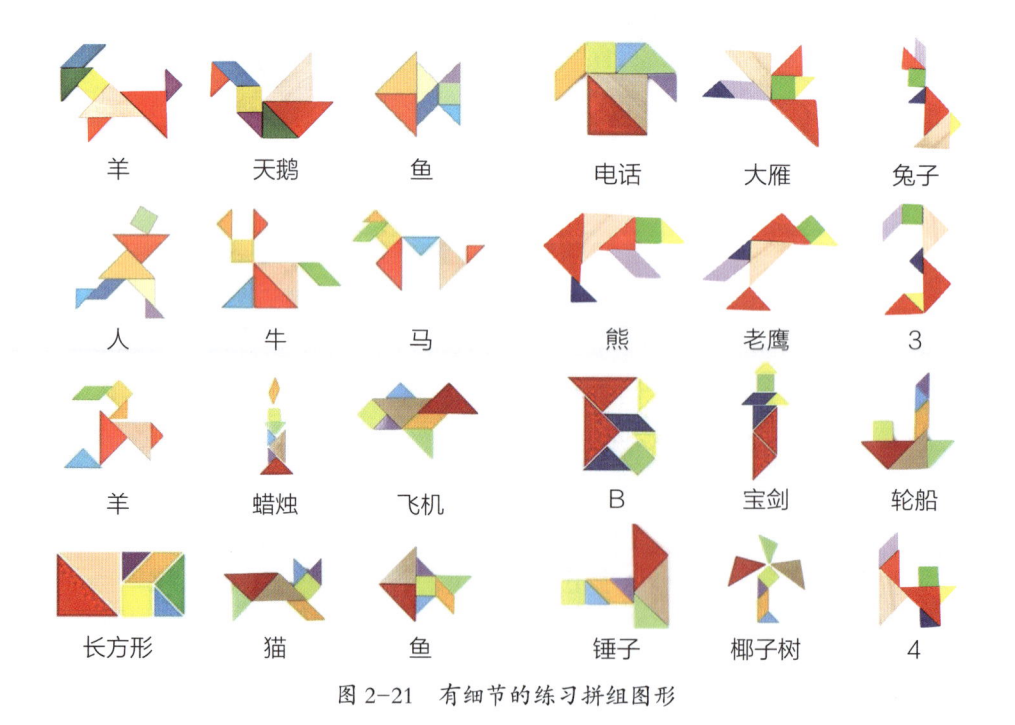

羊	天鹅	鱼	电话	大雁	兔子
人	牛	马	熊	老鹰	3
羊	蜡烛	飞机	B	宝剑	轮船
长方形	猫	鱼	锤子	椰子树	4

图 2-21 有细节的练习拼组图形

步加深对七块板子形状的理解,最关键的是找到其中的乐趣,待有一定基础后,再尝试拼出那些没有细节的图形。通过这一过程,一方面可以熟悉每一块板子,以及不同板子相互组合之后的形状,另一方面也可以训练图形思维和抽象思维的能力。

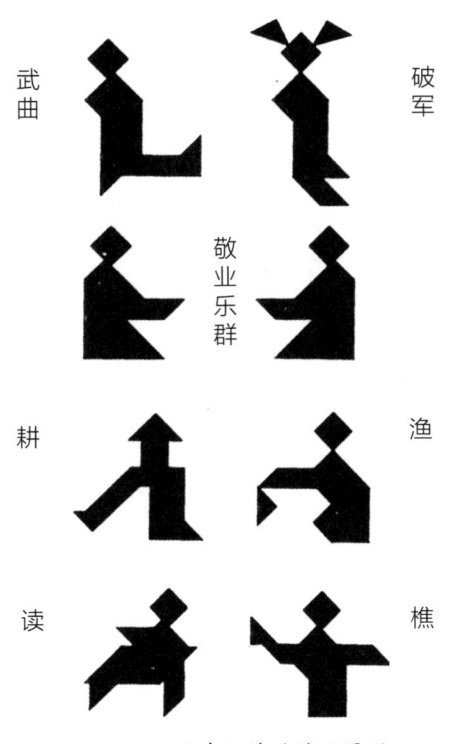

武曲　破军

敬业乐群

耕　渔

读　樵

图 2-22　没有细节的练习图形

第二个境界:在完成第一阶段的练习之后,就可以开始尝试创造新的图案。这是让游戏者尤其痴迷和兴奋的阶段,是对自己活跃的想象力、积极的创造力的检验,很容易激起游戏者的成就感和自豪感。创造出一种新图案的感觉就像解开了一个历史之谜,或者解决了一个科学难题。这里不仅是游戏者对七巧板的熟练程度的检验,更是对游戏者抽象思维、审美情趣、图像识别、创造意识、手眼协同等综合能力的考查,正所谓"工夫在诗外"。大家不妨开动脑筋,尝试一下。

二　七巧板　045

5 七巧板的发展

如果说七巧板的原型七巧桌的发展成熟历程，经历了从燕几图到蝶几图，是一个由简入繁，再从繁入简的过程，那么七巧板出现之后，因为不同的目的，也一样出现了更加复杂和更加简化两个演化方向。从更加简化的方向来看，出现了四巧板、五巧板、六巧板等简化样式（图 2-23 ~ 图 2-25）。

图 2-23　一种四巧板

图 2-24　几种五巧板

图 2-25　一种六巧板

从更加复杂的方向来看，出现了九巧板、十巧板、十二巧板、十四巧板、十六巧板、百巧板等（图 2-26 ~ 图 2-29）。特别是十二巧板，又被称为"伤脑筋十二块"，在由七巧板演化出的玩具中较为流行。这些拼图玩具，都是受到七巧板的启发而创造出来的，出现的历史并不长，其流行程度也取决于开发者对玩法的挖掘和推广程度。特别是在市场经济的推动下，各种材质、各种形状的拼图类玩具层出不穷，有些人甚至借鉴了魔方的样式，发明了立体的拼图玩具。从总体来看，它们所遵循的还是传统七巧板的模式，但影响还是远远不及七巧板。

图 2-26　九巧板 　　　图 2-27　十一巧板 　　　图 2-28　十二巧板，又称为"伤脑筋十二块"

图 2-29　两种十四巧板

一种玩具能否在社会上流行，除了设计的合理性、游戏的趣味性等之外，很重要的一点，就是能否对它的潜在内涵有足够深的发掘，以及是否有一直发掘下去的空间。在资深的游戏玩家中，总有一些高手在打通所有关卡，环顾四望无敌手，顿感英雄寂寞之时，希望通过修改规则、提升难度来挑战自我，这也许就是社会进步的动力之一。关于七巧板也有这样的实例。在七巧板流行几十年之后，有一位叫童叶庚的七巧板资深玩家，就不甘于七巧板有限的表现能力，希望能改进七巧板的设计，使其具有更强表现力，于是决定推陈出新、发扬光大，创造出了一种七巧板的升级版，这就是益智图。

童叶庚（1828—1899），字松君，晚号睫巢，斋室名百镜斋，上海崇明人。科举出身，曾任浙江数地县丞，咸丰年间以军功升任德清知县。晚年因受诬陷落职，于光绪年间归隐吴门（今苏州），遂以金石书画自操，博学嗜古，颇延时誉。1862年，童叶庚在闲暇之余，偶然看见儿童游戏："折方寸纸，肖冠履猿鸟之形；又以线缕绕指，挑作花绷锦帕诸式。思致层出不穷，顾而乐之。"从中受到启发，在对蝶几图和七巧板进行研究后，取长补短，依照"环视为圆，合矩成方，千变万化，十色五光"的方案，制成十五巧板，取名"益智图"（图2-30～图2-32）。

在《益智图》一书的自序中，童叶庚写道：

> 于焉摹《七巧图》，有智而加益之法，太极两仪四象八卦之目为十有五事，合之成一方，散则备尖斜曲直圆缺诸体。初图百器，似落旧制窠臼，弃而不录。改作山水人物，摘诗句及故事题之，绘为一册。此自娱而兼可娱人者也。名之曰《益智图》，亦足开发心思。因记其缘起如此。

图2-30 《益智图》　　图2-31 用红木制作的益智图玩具　　图2-32 童叶庚像

在益智图中，童叶庚对七巧板传统图样做了大胆改进，将一个大正方

形划分为一个平行四边形、两个半圆形、四个四分之一的外方内弧形、两个大等腰直角三角形、两个小等腰直角三角形、两个直角梯形、两个"L"形，共15块板子（图2-33）。

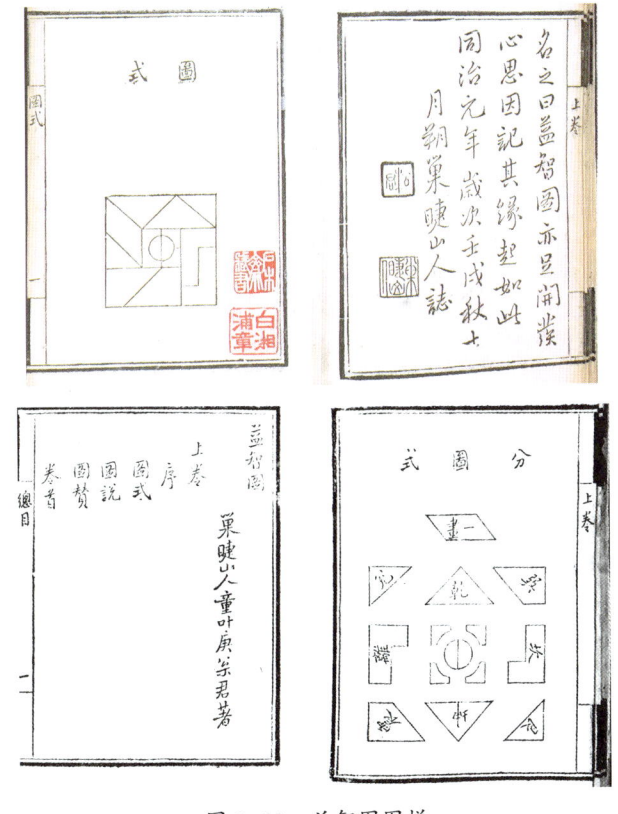

图 2-33　益智图图样

由七块板变为15块板，特别是其中有六块带弧形的板子，这使得益智图不仅拼出的图案更生动，而且能更精准地拼出器物、人物、动物、山水，甚至汉字、图画等较为复杂的图案，这也是童叶庚所谓"初图百器，似落旧制窠臼，弃而不录。改作山水人物，摘诗句及故事题之"的初衷。再加上童叶庚本身科举出身，精通诗文、书法、绘画，他用自己创造的益智图，栩栩如生地拼出了许多经典诗文的意境插图。在《益智图》一书中，就收入了许多童叶庚为"摘诗句及故事"用益智图创作的意境拼图（图2-34）。

二　七巧板　049

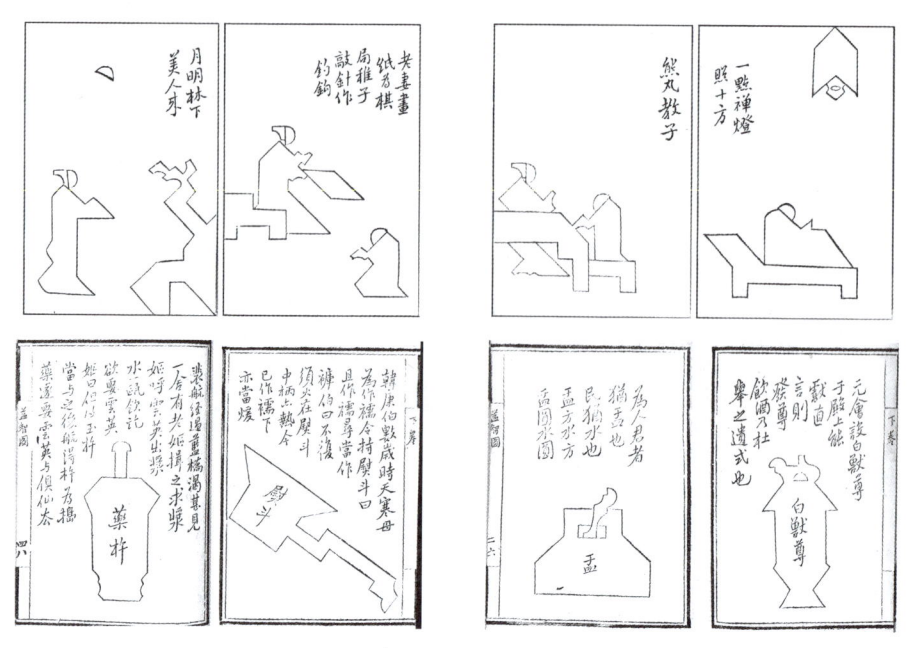

图 2-34 《益智图》中收录的拼图

光绪年间，美国来华传教士何德兰（Isaac Taylor Headland，1859—1942）偶遇一位清廷官员的小儿子，他第一次看到了这个小孩子携带的《益智图》，于是饶有兴趣地学习了益智图的玩法，惊叹于其设计之精巧，为此留下深刻印象。于是，他在其1901年出版的向西方社会介绍中国儿童生活的《中国的男孩女孩》（The Chinese Boy and Girl）一书中，专章介绍了《益智图》和其中的35个图案，将其称为"十五块魔术积木"（fifteen magic blocks），第一次将《益智图》系统介绍到西方（图2-35、图2-36）。根据何德兰在书中的描述，《益智图》出版之后广受欢迎，多次修订和重印。

图 2-35 何德兰的著作《中国的男孩女孩》

图 2-36 《中国的男孩女孩》一书中对益智图的介绍

此后，童叶庚又创作出版了《益智续图》《益智字图》《益智燕几图》等著作，不断丰富拼组图案内容（图 2-37～图 2-40）。1892 年，他甚至创作出版了共计八册的《益智图千字文》。

图 2-37 《益智燕几图》　　图 2-38 《益智字图》和《益智续图》

图 2-39 《益智图》《益智续图》《益智燕几图》

图 2-40 《益智字图》《益智续图》中收录的图形和汉字

二　七巧板　051

在《益智图千字文》中，童叶庚把《千字文》中的汉字的三种字体，用十五块巧板拼组出来，这无疑是一件浩大的工程（图2-41）。

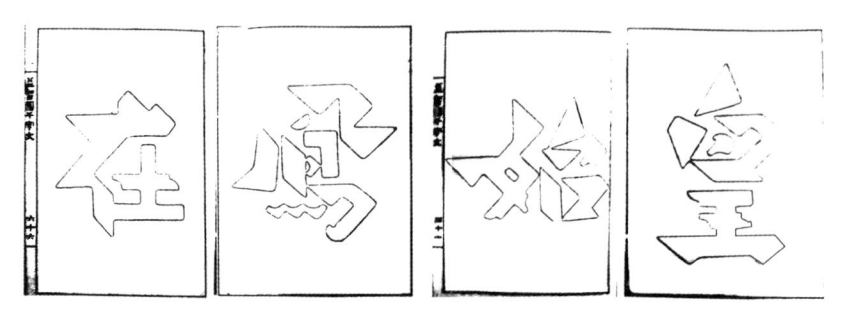

图2-41 《益智图千字文》中收录的汉字拼图

相比于七巧板，童叶庚的十五巧板益智图，毫无疑问难度更大，但另一方面，提供给游戏者发挥想象力和创造性的空间也更大。同时，也因为童叶庚在益智图的创造和推广方面的不懈努力，益智图脱颖而出，成为继七巧板之后最有影响力的中国传统拼图类益智玩具。拼组难度更大的益智图，要有足够的耐心，而创造出一幅叫人称绝的好图案，不仅要有敏捷的思维和丰富的想象，还要有如雷彼得所言"性静情逸"的兴致（图2-42）。

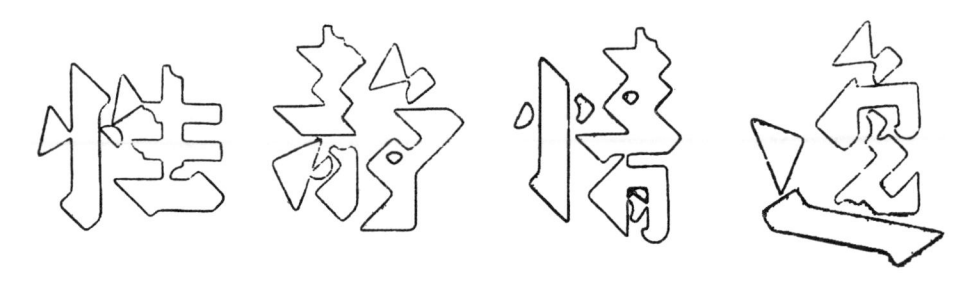

图2-42 性静情逸

随着七巧板在清末民初的流行，"七巧"作为一种图案和造型，也被广泛运用在社会生活的诸多方面。除了颇为流行的七巧桌，最为常见的就是七巧攒盘。有些七巧攒盘是多件组合的，通常被拼成正方形放置在木盒中，逢年过节时可以用来盛放干果和甜品。而有些七巧攒盘则仅仅是在一个盘子中用七巧板的图案分割成大大小小的七个格子，只是把七巧板当成一种图案来使用，可见七巧板深受人们的欢迎（图2-43、图2-44）。

图2-43 不能分开使用的七巧攒盘

图2-44 可以分开使用的七巧攒盘

6 七巧板在国外的流传

大约从18世纪开始，随着中西方贸易的发展，作为智力玩具的七巧板开始流传到海外。目前在欧美古董市场上，依然可以看到产于19世纪前后，源于中国，用象牙、珠母贝、高档木料等材质制作的古董级七巧板被展览、出售或拍卖。它们大多是当年作为高档礼品由西方商人从广州等口岸销往欧美地区的，并成为上流社会流行的玩具，时至今日，依然是收藏界的抢手货（图 2-45）。

图 2-45　19 世纪前后，中国生产、出口欧美的象牙材质七巧板

随着七巧板实物的输出，从 19 世纪初开始，在英国、法国、瑞士、意大利、荷兰、丹麦、德国和美国等国，先后出版发行了有关七巧板的书籍，其中大部分翻译和转抄自中国的早期版本。这个来自中国的智力玩具一时间风靡全球。在英文中，七巧板被称为"唐图"（tangram），意思是"来自中国的拼图"，这个说法于 1848 年首次出现在出版物中，并在使用英语的国家和地区沿用至今。许多世界名人，如拿破仑、亚当·斯密、杜雷、爱伦·坡、法拉第、安徒生等都是七巧板的拥趸。英国著名科技史专家李约瑟也说过："（七巧板是）东方最古老的消遣品之一。"

目前所知存世最早的七巧板，现收藏在美国费城的莱尔斯博物馆及图书馆（Ryerss Museum and Library），是用象牙雕刻的（图 2-46）。根据雷彼得的考证，这套七巧板很可能是由美国商人罗伯特·沃恩（1765—1836）从广州购得并带回美国费城的。在这套七巧板的包装锦盒底部写有"沃恩 1802 年 4 月 4 日"（F. Waln April 4th 1802），说明这件七巧板是沃恩于 1802 年在中国广州购买，将其作为礼物带回美国的。这是目前所知最早被记录的七巧板实物，这也充分说明，早在桑下客编纂《七巧图合璧》的 1813 年之前，七巧板这一益智玩具就已经在中国非常流行，并已经通过中西方贸易传播到了欧美。

图 2-46　现收藏在美国费城莱尔斯博物馆及图书馆的象牙制七巧板

此外，在 2 000 多年前的古希腊，也出现了一种近似七巧板的拼图类益智游戏，被称为"史多马奇恩图板"（Stomachion）（图 2-47、图 2-48）。据说它是阿基米德制作的。

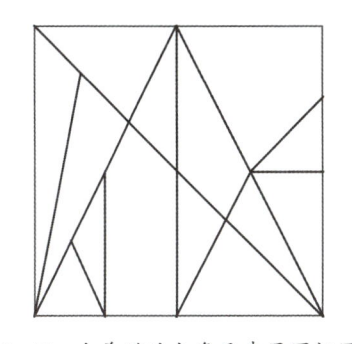

图 2-47　古希腊的史多马奇恩图板图样　　图 2-48　用史多马奇恩图板拼出的图案

无独有偶，在 18 世纪的日本，也出现了一本描述一种七片板玩具的书。在这本书中，这种玩具被称之"清少纳言智慧板"，以纪念一位生活在 10—11 世纪的女诗人清少纳言（约 966—1025）。在这个日本版的七巧板中，小板块的分割和中国的七巧板不太一样，它的七块板分别是由一个等腰梯形、一个直角梯形、一个正方形、两个中型的等腰直角三角形、一个小型的等腰直角三角形以及一个平行四边形组成（图 2-49）。书中还收录了 42 个拼

二　七巧板　055

组图形和它们的拼法，其中包括船屋、野雁、富士山、莲花以及歌舞伎等（图 2-50）。

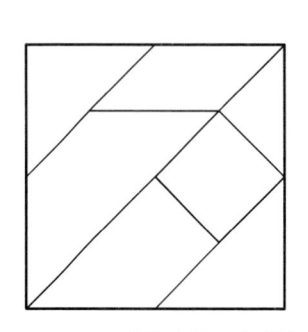

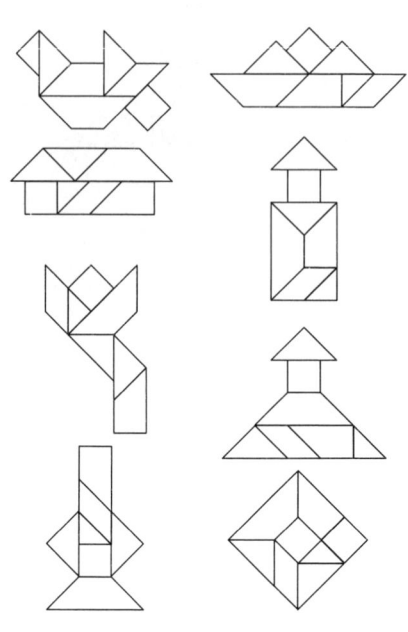

图 2-49　日本的清少纳言智慧板图样　　图 2-50　用清少纳言智慧板拼出的图案

当然也不排除在其他地区的人类古老文明中，也有类似于中国七巧板这种拼图类益智玩具的出现。在人类的文明发展史中，一个事件的发展总是伴随着独立成长和借鉴吸收两个方面，在特定的历史阶段和发展背景下，很有可能经历某些相似的过程，出现某些相似的现象，产生某些相似的文明。以上提及的三种拼图益智玩具之间，就目前了解的信息来看，其产生、演变、发展过程是相互独立的，并没有发现什么交集，这在人类文明发展的历史长河中也是常见的现象。差别在于，在历史优胜劣汰的大浪淘沙和不经意间的机缘巧合中，中国的七巧板脱颖而出，不仅在国内绵绵流传，还在近代风靡世界。

七巧板制作简单、成本低廉、使用方便、老少咸宜，它可以拼出千百种图案，是一种培养观察能力、想象能力、专注能力、创造能力、空间思维能力和逻辑思维能力的益智玩具，多年来一直受到全世界人们的喜爱。正如在《老北京民间玩具歌谣》一书中收录的一首歌谣中所传唱的：

> 七巧板，真好玩，
> 姑娘小子都喜欢。
> 正方形，三角形，
> 七块小板拼图案。
> 摆只鸡，摆条鱼，
> 摆只蝴蝶舞翩跹。
> 摆小桥，摆帆船，
> 摆朵荷花浮水面。
> 随心所欲翻花样，
> 动手动脑乐无边。

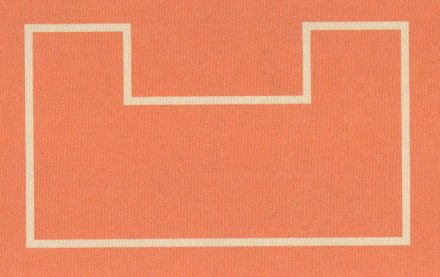

三 鲁班锁

鲁班锁亦称孔明锁、八卦木、别闷棍、六子联方、莫奈何、难人木等，是一种目前依然颇为流行的中国传统拼插类益智玩具。这种三维立体拼插玩具内部的凹凸部分，采用了中国传统建筑和家具制作的榫卯结构，相互啮合，十分巧妙，不用钉子和绳子，完全靠自身结构的啮合，就可以实现稳固的结合。其设计之精确，扣合之严密，堪称天衣无缝，看似简单，却凝结着高超的智慧。

鲁班锁的种类虽然纷繁复杂、千奇百怪，原理基本相同，就是利用了立体几何原理，通过几何分割，组成多种锁定方式。最典型的鲁班锁是由六根长短、粗细完全相同，但中间有不同凹凸缺口的短木棍组成的，也被称为"六通"，拼合完成后，从外观上看是严丝合缝的十字多面体。不同种类的鲁班锁，内部的结构各不相同，一般都是易拆难拼，拼装时需要仔细观察，认真思考，分析其内部结构，只有这样才能拼合成功。

实践证明，鲁班锁对放松身心、开发大脑、灵活手指均有好处，是老少咸宜的休闲益智玩具。因为受到人们的普遍欢迎，鲁班锁在市场上的销量也很好。在爱好者和开发者的共同推动之下，按照榫卯结构原理触类旁通，后续又在传统"六通"鲁班锁的基础上，推陈出新，开发出了许多样式纷繁、结构复杂的鲁班锁。传统经典经久不衰，现代样式摩登新潮，鲁班锁俨然已经演化成为颇为庞大的智力玩具家族（图3-1）。

图 3-1　各种形状的鲁班锁

1　文献中的鲁班锁

关于鲁班锁的起源，目前学术界并没有给出一个合理可信的解释，只流传着两个传说。

一个传说是鲁班锁由春秋时期鲁国工匠鲁班发明。鲁班原名公输班，被誉为中国传统建筑的鼻祖和木匠的祖师爷，据传他创造发明了许多工具和工艺，经过几千年来的不断演绎和神化，今天已经成为中国古代劳动人民智慧的象征。据说，有一次鲁班为了测试儿子是否聪明，就用六根木条制作了一件可拼可拆的玩具，叫儿子拆开后再拼合起来。儿子忙碌了一夜，终于将拆开的玩具又按原样拼合，这种玩具就被后人称作"鲁班锁"。另一个传说，鲁班锁是由三国时期蜀国丞相诸葛亮根据八卦玄学原理发明的，因此就将其称为"孔明锁"。诸葛亮也是中国历史上的传奇人物,以其鞠躬尽瘁、忠君报国的人格魅力和运筹帷幄、决胜千里的过人谋略深受人们爱戴,在民间更被誉为智慧的化身,同样经过长期的演绎和神化,人们将很多智巧工具的发明都归功于他,使其成为中国古代智慧的另一个代名词。这两种说法虽然都没有任何事实依据,但也说明了鲁班锁的确是一件充满了智慧的玩具。

鲁班锁首次见诸中文文献记载,就目前掌握的信息来看,是比较晚的,始自清朝光绪十五年(1889)由唐再丰编纂的《鹅幻汇编》一书。唐再丰,苏州人,字芸洲,别号桃花仙馆主,在《鹅幻汇编》序言中称其自幼"素好杂技,于戏法犹属倾心"。他物色秘诀,遍访名师,致力于收集传统魔术戏法达30年之久,终于编成《鹅幻汇编》一书(图3-2)。

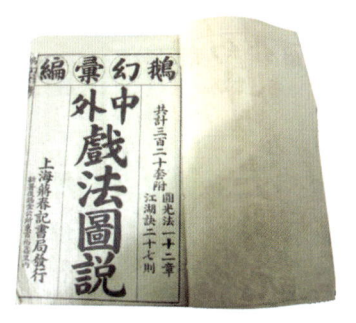

图3-2 《鹅幻汇编》

《鹅幻汇编》又名《中外戏法图说》,全书分为六册,是目前发现存世的我国第一部记载各种戏法魔术的专著。它收集、整理各种中国传统魔术戏法320多种,包括多种道具、药物的制法,涉及现代物理、化学、生物等多门学科。据说在此之前,还有一本成书于明代的《神仙戏术》,也是关于中国传统魔术戏法的专著,记载了古代魔术戏法20多种,可惜此书已亡佚。唐再丰在《鹅幻汇编》一书的序言中说:

戏法,小技也,然欲穷其奥妙,传其精微,若无师傅授,徒费苦思耳。

三 鲁班锁 063

夫三教九流皆有传本，独此一端，历来向无成书，即偶有附载数事要，皆件错伪讹，辗转相授，以伪为真，而学者试之无灵，未免心灰弃置矣。

这说明，《鹅幻汇编》也是在前人的基础上收集整理而成，其内容除了记载清代民间流行的魔术节目之外，还记录了杂耍、西洋马戏、奇巧机械、玩具，乃至工尺曲谱等多方面的内容，对于研究晚清民间艺术有重要价值。此后，唐再丰又出版了《鹅幻续编》和《鹅幻余编》。之所以定名为"鹅幻"，源自一个典故：在南北朝时期南朝梁人吴均创作的志怪小说《续齐谐记》里，记载有一个题为《阳羡书生》的故事，讲述了一名来自阳羡（今江苏宜兴），名叫许彦的书生，曾遇到一个拥有幻术的奇人，该人可以自由变幻进出鹅笼，并有口吐美女等奇术，这令许彦诧异万分。

《鹅幻汇编》对古代魔术戏法进行了较为科学的分类，全书共分为十二卷，分别为第一至三卷"彩法门"（利用道具机关），第四至五卷"手法门"（利用手势遮掩），第六卷"丝法门"（用丝线拉动机关），第七卷"搬运门"（物体移位），第八至九卷"药法门"（类似化学幻术），第十卷"符法门"和第十一卷"圆光秘诀"（画符念咒）、第十二卷"江湖诸法"（其他杂术）。中国古代魔术戏法自然不是始自《鹅幻汇编》，但《鹅幻汇编》整理、总结、保存了大批濒临失传的中国传统经典戏法，如"酒米三变""八仙过海""仙人采豆"等，使之成为研究中国古代魔术戏法史的重要文献。

在《鹅幻汇编》的卷二"彩法门"中，就详细介绍了一个称为"六子联芳"的游戏（图3-3）：

解曰：方木六根中间有缺，以缺相拼合，作十字双交。形如军前所用鹿角状，则合而为一。若分开之，不知其诀者颇难拼合。乃益（注：原文为"一"）智之具，若七巧板、九连环然也。其源出于戏术家，今则市肆出售且作孩稚戏具矣。然则追源溯本不可不存焉。

崭法：红木六根，各长二寸许（注：约6.5厘米），约二分半见方（注：约0.8厘米）。每根中段如图刻成缺陷，挨次拼合即能成就。其木之丁倒横竖，以图上所号之字，对已平正为率。

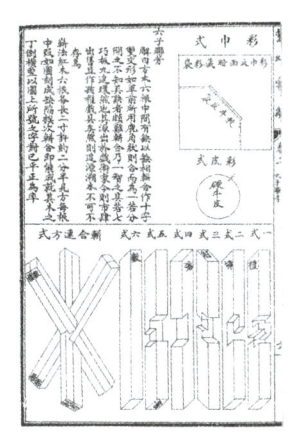

图3-3 《鹅幻汇编》卷二记载的"六子联芳"

从以上描述及所附图录中，我们可以看出，这里所描述的就是传统六根鲁班锁，其样式和拼合方式，与今天所通用的六根鲁班锁"六通"是完全一致的。有意思的是，唐再丰在《鹅幻汇编》中，还将构成"六通"的这六根短木，按照儒家中的"六艺"，即礼、乐、射、御、书、数来命名和标记，使其带有了非常浓厚的中国传统文化的痕迹，也更便于辨识和掌握拼合的规则。

需要注意的是，在《鹅幻汇编》的记录中，并没有出现"鲁班锁"这一名称，当然这也不能证明所谓"六子联芳"当时在民间并不叫"鲁班锁"，但至少将这一玩具称为"鲁班锁""孔明锁""八卦木"等，在当时并不普遍，也可能是这些名称还没有出现。这些名称很可能是近代之后，随着其商业化的发展才出现的。

鲁班锁到底何时出现，现在已经不可考了，但依据其成熟程度来看，一定已经流传了很长时间。目前所发现的鲁班锁实物，除了无法确定年代的之外，都比《鹅幻汇编》的成书年代更晚。但可以断定：鲁班锁的出现，应该远远早于第一次记载它的《鹅幻汇编》的成书年代。唐再丰认为鲁班锁"乃益智之具，若七巧板、九连环然也"，这自然非常准确，当时"市肆出售且作孩稚戏具"，可以得知这一玩具在当时的民间已经非常流行。

早在18世纪，欧洲的文献中就有了关于类似鲁班锁的玩具的介绍，并称之为"芒刺游戏"（burr puzzle）。在1857年美国出版的《魔术师手册》（*The Magician's Own Book*）一书中，也提到了这种玩具。而作为我国近邻的日本，也在1836年的相关文献中提到这一游戏，称之为"智慧算数"。相比而言，鲁班锁在中国文献中的最早记录则要晚很多。因此，国外出现的这种益智玩具，是否都是由中国传入，目前还没有定论，这些玩具也很有可能有各自独立的形成发展历程。但从习惯上来说，多数欧美人都认可鲁班锁是始创于中国的益智玩具，传统的六通鲁班锁在英语中有一个专有名词，即Chinese six-piece burr puzzle，意为"来自中国的六根芒刺的拼凑难题"。

2　鲁班锁的演化发展

《鹅幻汇编》中记载的鲁班锁是传统六根鲁班锁，即所谓"六通"，它难易程度适中，造型优美，是最为经典，也是流传最为广泛的一种鲁班锁。但不断挑战是人类的本能，因而在六通出现之后不久，就开始衍生出许多六通的变形。在《鹅幻汇编》刊行五年之后，唐再丰于1894年又出版了《鹅幻续编》（又称《中外最新戏法图说续编》，如图3-4所示），在此书中，他又介绍了一个外形像一簇桂花，因而被称为"桂花球子"的穿插益智游戏：

解曰：以半月形之木六块拼之成球形，其文若桂花，故名。前编《鹅幻汇编》所载六子连芳，于此皮相略同，而细究迥别。其法之妙，远胜十倍。盖连方以方木成方形，此则以弧形之木成圆球。彼六根中有一无榫末后插入，故贯聚不能动摇。此则六块皆榫，拼之吻合。面面相同，混然无迹。欲拆而无从下手。虽公输复生，亦当敛手而谢。

崭法：用象牙或牛角、驼骨、红木、坚竹等做成半月形之小板六块，各径长一寸（注：约3.3厘米）、背圆一寸五分（注：约5厘米）、厚三分二厘（注：约1厘米）。照图刻成镶榫，拼时依码号之字向上，正对自己挨次如法拼之即成圆球。

图 3-4 《鹅幻续编》（又称《中外最新戏法图说续编》）

在书中附录的图样中，唐再丰详细描绘出了拼装"桂花球子"的六块构件的制作图样，六块构件虽然大致相同，但每一块又有细微差别，其中在第四块构件的凹槽处，即被称为"中梁"的部位，要打磨成圆形，还特别注明："凡笋皆方，惟此第四块之中梁圆而细，故末后能翻转也"（图 3-5）。

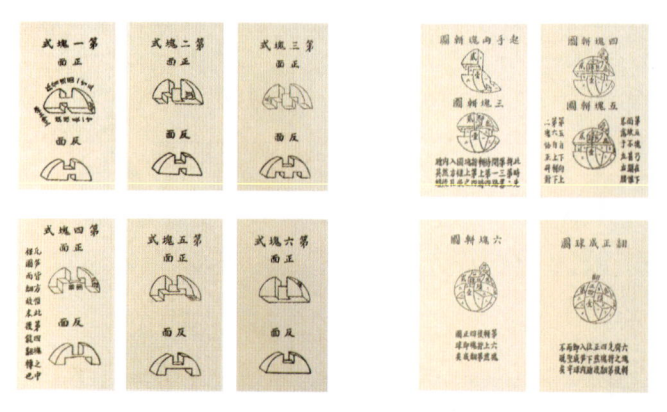

图 3-5 《鹅幻续编》中描述的"桂花球子"

在《鹅幻续编》中，唐再丰明确说明，这种"桂花球子"来源于"六子联芳"，与其"皮相略同"，但又有所不同。"桂花球子"除了将"六子联芳"从三维立方体改造为球体之外，更重要的是改进了"六子联芳"中最后一块构件因为"无笋"（无缺口）从而导致的结构松动，让"桂花球子"的六块构件能够件件榫卯啮合，从而整体结构更加牢固和紧密，"其法之妙，远胜十倍"。无疑，"桂花球子"就是"六子联芳"的升级版。但不管怎么变化和改进，其中运用的榫卯原理是一样的。所谓"桂花球子"，就是现在依然颇为流行、被称为"鲁班球"的一类鲁班锁，直到现在，其外在形制及内部结构，和《鹅幻续编》中的描述完全一致。

到目前为止，鲁班锁已经演变成为一个颇为庞大的益智玩具家族，目前市面上已经开发出的不同形制的鲁班锁达五六十种，且新样式还在不断涌现。每一种鲁班锁都有一个特点非常鲜明的名称，从最简单的由三根构件所组成的"好汉""三通"，到由 24 根构件组成的"二十四锁"、39 根构件组成的"大菠萝"。一般来说，组成构件越多，拼合难度自然也就越大。其中既有经典的样式，100 多年来未曾有过变化，如"六通""九通"，也不乏与时俱进，体现时代潮流的时髦新品，如"太空球""世界之窗""瑞士立方"等。这一现象，也充分说明了鲁班锁这一中国传统益智玩具灵活的时代适应性和强大生命力（如图3-6）。

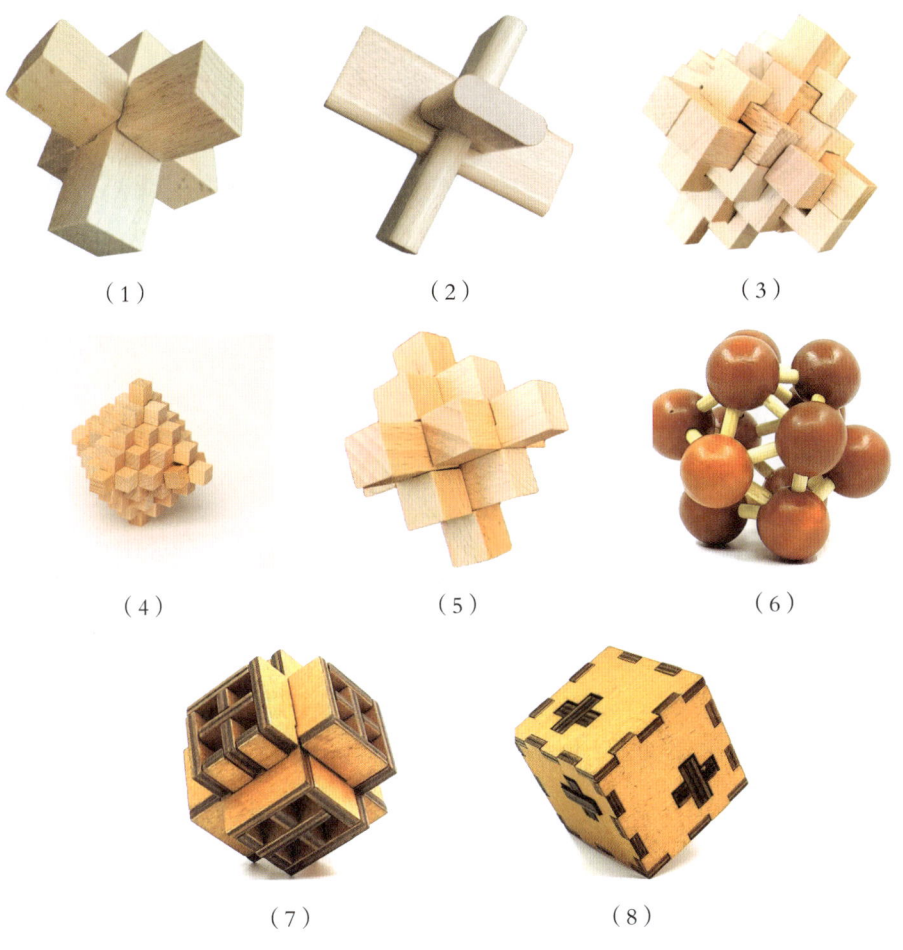

图3-6　各种类型的鲁班锁
（1）好汉；（2）三通；（3）二十四锁；（4）大菠萝；（5）小九通；
（6）太空球；（7）世界之窗；（8）瑞士立方

3　鲁班锁的原理和起源

鲁班锁源自中国古代独一无二的木作工艺——榫卯结构，这是不争的事实。所谓榫卯，是一种中国传统建筑、家具及其他器械的主要结构方式，被称为"木匠之魂"。所谓榫卯，是在两个构件上采用凹凸结构相结合的一种连接方式，凸出结构叫榫，凹进部分叫卯，其特点是在构件上不使用钉子、胶水等材料，而是利用榫卯本身的结构加固物件。这一结构在距今约7 000年前的浙江余姚河姆渡文化遗址中就有发现。

榫卯的类型有很多种，按照构合作用来归类，大致可分为三大类型。第一类主要是作面与面的接合，也可以是两条边的拼合，还可以是面与边的交接构合，如槽口榫、企口榫、燕尾榫、穿带榫、扎榫等。第二类是作为"点"的结构方法，主要用于横竖材丁字结合、成角结合、交叉结合，以及直材和弧形材的伸延接合，如格肩榫、双榫、双夹榫、勾挂榫、锲钉榫、半榫、通榫等。第三类是将三个构件组合一起并相互联结的构造方法，这种方法除运用以上的一些榫卯联合结构外，都是一些更为复杂和特殊的做法，如托角榫、长短榫、抱肩榫、粽角榫等。榫卯被称作中式建筑和家具的"灵魂"，木构件上凸出的榫头与凹进去的卯眼简单地咬合，便将木构件结合在一起，由于连接构件的形态不同，由此衍生出千变万化的组合方式，使中式家具达到功能与结构的完美统一。

鲁班锁的拼装，并不使用钉子或者胶水，而是完全利用木棍不同形状的缺口之间的相互咬合来实现各构件的紧密结合，这种工艺，就充分运用了榫卯的原理。

具体以鲁班锁中的经典样式六根鲁班锁"六通"为例：六通是由主体长短粗细完全相同的六根短木组成，在榫卯结构中，这六根短木统称为"卡榫"（图3-7、图3-8）。在拼合之后，外观就是一个严丝合缝的十字多面体，拆开之后，会看到在其中五根木棍的中间部位，都有不同形状的缺口，六通就是用一种相互啮合的方式，两根一组，把三组木条垂直相交固定，木条之间的缺口相互啮合，以一定的顺序，形成立体十字相交结构。每根卡榫中部的不同凹槽需要精准放置才能拼合成功，槽口的尺寸如果稍有误差，都有可能影响结构的稳定性。拼合成功之后，因为各构件互相啮合，所以整个结构十分稳固。六通的拼合虽然相对简单，只需五步，但其中奥妙无穷，如果不得要领，也很难拼合成功（图3-9）。

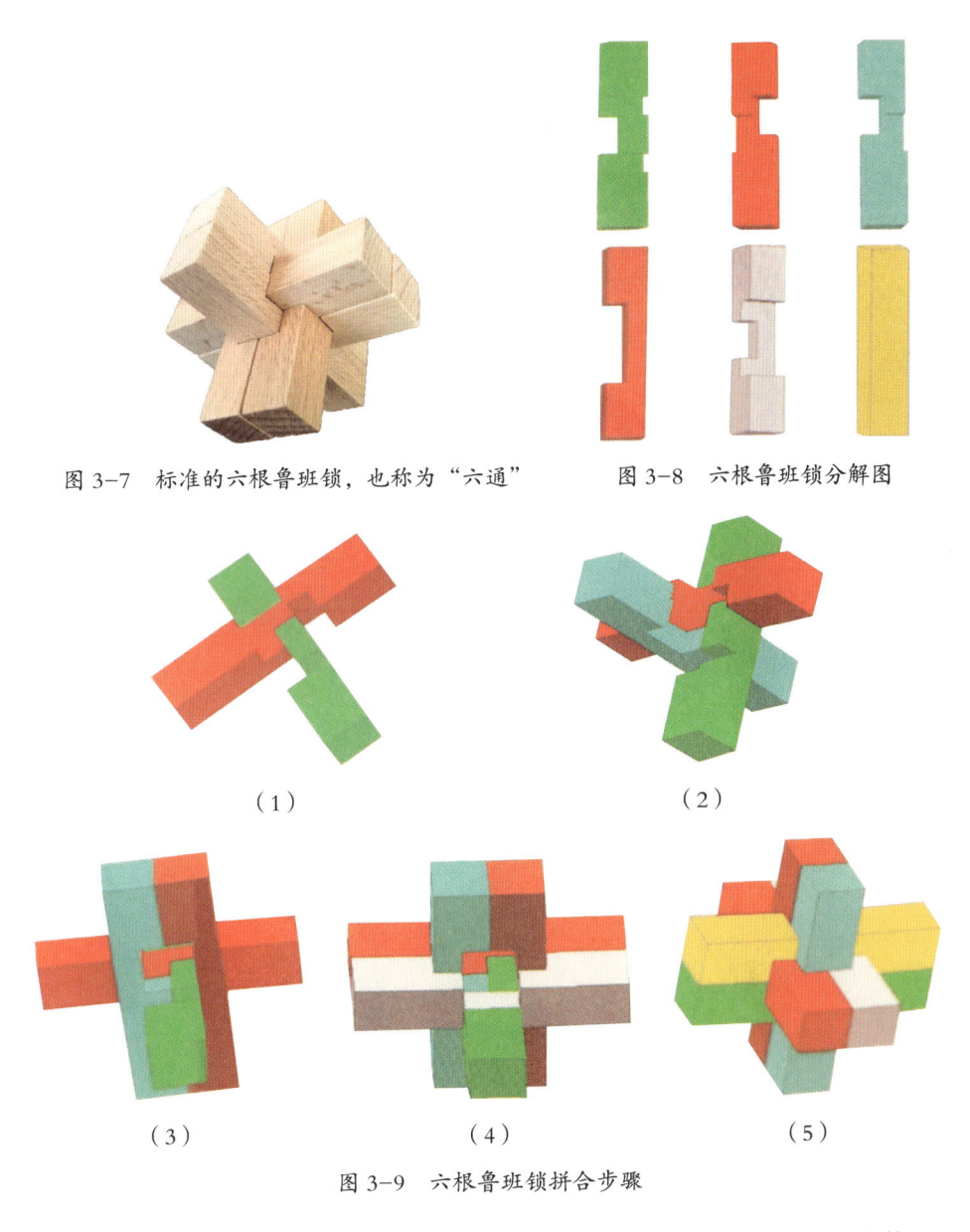

图3-7　标准的六根鲁班锁，也称为"六通"　　图3-8　六根鲁班锁分解图

（1）　　（2）

（3）　　（4）　　（5）

图3-9　六根鲁班锁拼合步骤

此外，在中国传统木作家具中，有一种榫卯结构，被称为"十字枨"，

三　鲁班锁　071

这是一种在木作工艺中直材交叉时通常使用的经典榫卯结构。在制作明清家具，如方杌、窗花、方凳时，需四腿对角设横枨，十字形交叉，因而得名（图 3-10）。这种结构的榫卯，就是六通鲁班锁每个卡榫的基本样式。其中，在《鹅幻汇编》中被称为"御"的这一根的缺口样式就是和"十字枨"完全一样的，另外有缺口的四根中间的缺口，都是在"十字枨"的基础上做了一定的变形。

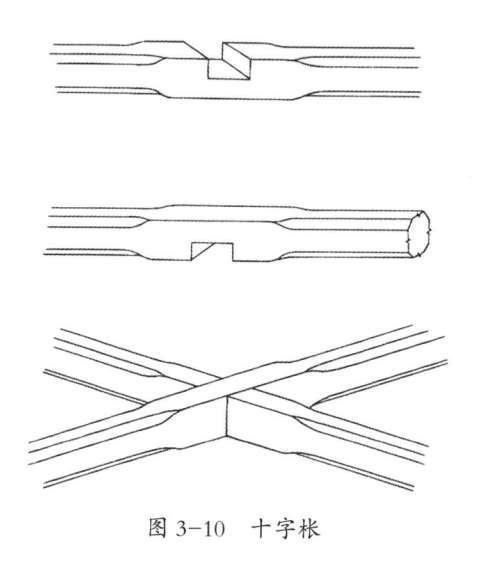

图 3-10　十字枨

在鲁班锁此后的发展中，演化出了一种被称为"梅花锁"的鲁班锁，从外观和结构来看，和采用了传统榫卯结构的中国古代建筑中广泛使用的斗拱非常相似（图 3-11 ~ 图 3-13）。

图 3-11　"梅花锁"

图 3-12　"梅花锁"的内部结构

图 3-13　中国古代建筑中的斗拱

还有一种被称为"机关盒"的鲁班锁变形玩具，其本身就是榫卯结构中"四方燕尾式接合"的直接运用（图 3-14、图 3-15）。

图 3-14　鲁班锁"机关盒"及其内部结构

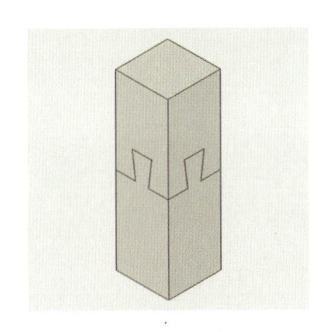

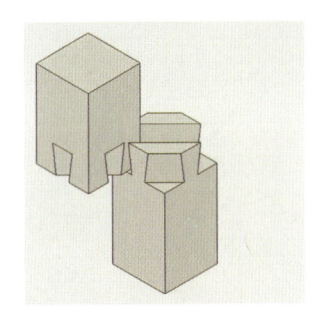

图 3-15　四方燕尾式榫卯及其内部结构

当然，在实际建筑和家具中，根据应用场景的不同，还有更为复杂的榫卯结构。

三　鲁班锁　073

对于中国古代民间木作工匠来说，他们还没有现代的制图概念，技艺传承基本都是师徒相授，代代相传，比如清代著名的"样式雷"便是这一领域的代表人物。为了教授的方便或者设计本身的调整，某些建筑、家具、榫卯结构，也有制作模型的习惯，称为"烫样"，这样的榫卯结构模型，目前作为工艺品也能在市面上看到。古代工匠很有可能就是在传承学习榫卯结构的过程中，出于寓教于乐的目的，或者单纯为了娱乐，从而创造出了鲁班锁这种益智玩具。也有学者认为，鲁班锁在最初时候很可能就是一件实用的器物，后来才成为玩具的。比如，过去山西农村妇女们使用的绕线器、家中使用的筷子篓等，就是与鲁班锁类似的结构，这很可能就是鲁班锁作为某种实用器物的遗存（图3-16）。但就目前研究来看，这些说法还都只是猜测。

（1）

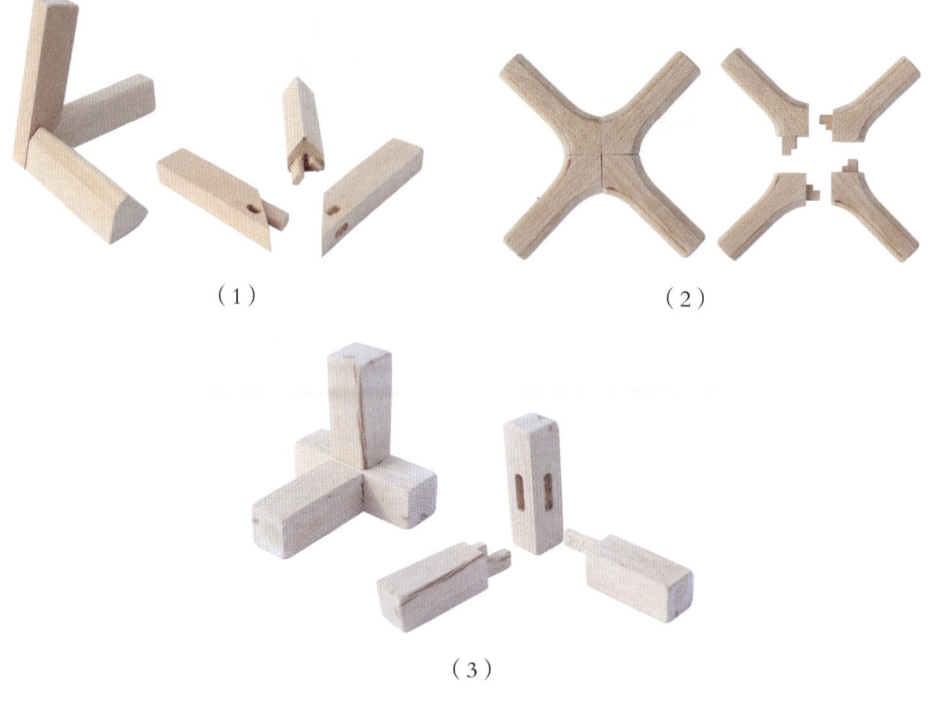

（2）

（3）

图3-16　几种榫卯结构模型

074　中国四大传统益智玩具

4　鲁班锁的分类

现在的鲁班锁尽管形式多样，但从其结构上，大体可以分为三种类型。

第一种类型，横、竖、立三个方向的构件相交于中心一点，并且中间是实心的，这种类型的鲁班锁通常被称为"通"，比如"三通""六通""小九通""十五通"等，前面的数字代表其中包含有多少个构件，比如"六通"就是传统的六根鲁班锁。

这一类型的鲁班锁还有两种变形形式。其一，每个方向上构件的尺寸、功能完全相同。比如，传统的"六通"，每个方向有两个构件；"三通""好汉"等每个方向上只有一个构件；"井字"的每个方向上有四个构件；比较特殊的是"九根"，所拼出的六个面，其中两个面上有两个构件，两个面上有三个构件，两个面上有四个构件，但每个构件作用、大小一样；还有"十四锁"，所拼出的六个面，其中两个面上有四个构件，另外，四个面上有五个构件，但每个构件作用、大小也都一样。其二，每个方向上的构件可分为主要构件和次要构件，主要构件可以是一个，比如"小九通""十五通""大菠萝""梅花锁"，也可以是两个，比如"二十四锁""回首"等（图3-17）。这一类型的鲁班锁，主要构件从中间延伸出来，其他都是辅助的次要构件，这种形式很像我国古代建筑中的斗拱（图3-13）。

　　　（1）　　　　　　　（2）　　　　　　　（3）

（4）　　　　　　　　　（5）

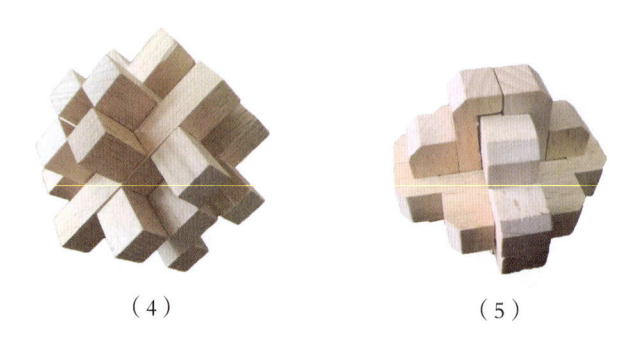

图 3-17　第一种类型的鲁班锁
（1）十五通；（2）井字；（3）九根；（4）十四锁；（5）回首

第二种类型，中间一般都有一个空间，可以存放某些小构件，如小球等。这一类型包括"十八柱""笼中取宝""双十字笼""十二姐妹""六拼装""笼中取球"等（图3-18）。

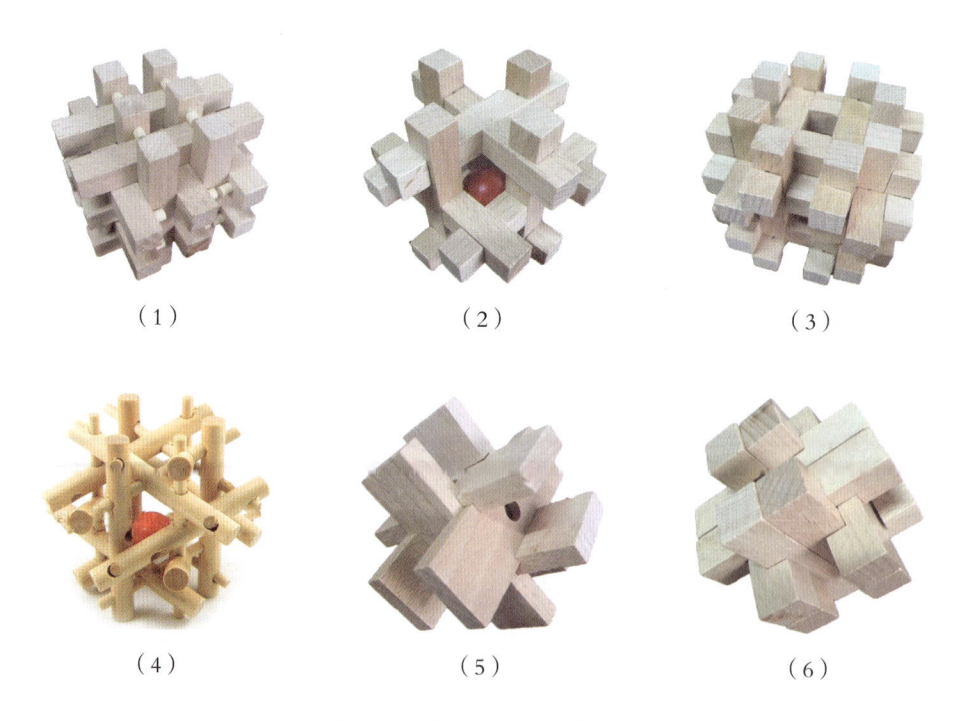

（1）　　　　　　　　（2）　　　　　　　　（3）

（4）　　　　　　　　（5）　　　　　　　　（6）

图 3-18　第二种类型的鲁班锁
（1）十八柱；（2）笼中取宝；（3）双十字笼；（4）十二姐妹；（5）六拼装；（6）笼中取球

第三种类型就是异形的，以球形为主，如"足球""圆通""鲁班球""孔明球""圆球"等；也有近似球形的"八角球""八面玲珑"等；还有橄榄形的"酒桶""轮回"等。此外，还有立方体形的"越狱""魔方""瑞士立方"等，心形的"心锁"，以及很多奇形怪状的鲁班锁（图3-19）。

（1）　　　　　（2）　　　　　（3）

（4）　　　　　（5）　　　　　（6）

（7）　　　　　（8）　　　　　（9）

（10）　　　　　（11）

图3-19　第三种类型的鲁班锁
（1）足球；（2）酒桶；（3）圆球；（4）八角球；（5）圆通；（6）八面玲珑；（7）心锁；（8）孔明球；（9）魔方；（10）越狱；（11）轮回

三　鲁班锁　077

但从总体来说，这些复杂多样的鲁班锁，都是从立体几何切割和榫卯结构变形而来，并且很多样式是随着商品经济的发展，迎合市场而出现的。比如"酒桶"鲁班锁，这种样子的酒桶并不是中国传统的样式，而是西方的啤酒桶或者酿造红酒、白兰地的橡木桶的样子，是舶来品，但其内部机构和"圆球"鲁班锁基本上是一样的，变化无非发生在外形上（图3-20、图3-21）。还有，近几年又出现了一种苹果形状的鲁班锁，也是仅在外形上，将圆球鲁班锁做成了苹果形状而已，两者内部结构也是完全一致的（图3-22）。照此为例，自然还可以制造鸭梨形状的鲁班锁、菠萝形状的鲁班锁等，这显然是迎合市场需求的结果。

图 3-20 "圆球"鲁班锁内部结构

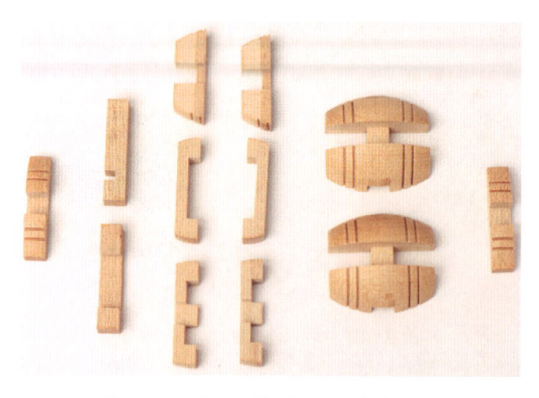

图 3-21 "酒桶"鲁班锁内部结构

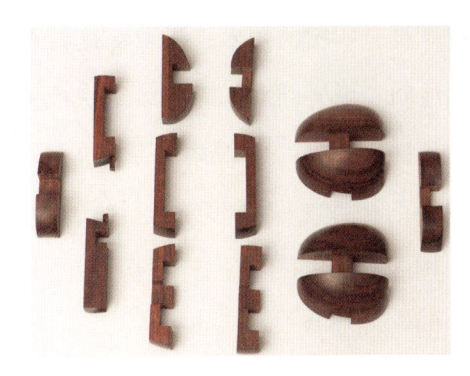

图 3-22 "苹果"鲁班锁及其内部结构

5　鲁班锁的基本特点

鲁班锁种类繁多，但概括来说，可以总结出以下两个特点。

首先，鲁班锁是一个三维立体结构，而且绝大多数鲁班锁都呈中心对称或中轴对称布局，所以组成鲁班锁的构件的数量基本都是三或者三的倍数，如6根、9根、12根、15根等，目前常见的构件最多的是"大菠萝"鲁班锁，一般是33根或39根构件，也有人制造出了99根构件、129根构件，甚至243根构件的"大菠萝"鲁班锁，但是不论怎么复杂变化，组成"大菠萝"鲁班锁的构件数目，都是三的倍数。并且拼装规则都是一样的，简单说就是循环重复，这与将九连环扩展成为六十四连环是一样的道理。

但这里也有例外，前述鲁班锁中的"十四锁"，共有14根短棍，不是三的倍数，所以在其拼出的六个面中，两个面上有四个构件，四个面上有五个构件。同时这个特点不适用于球形、立方体形等异形鲁班锁，比如圆球锁、足球锁和八面玲珑锁等都有八个构件，组成它们的构件数目不遵循这一规则。

其次，在绝大多数鲁班锁中，总有一块构件在形状上特点鲜明、与众不同，这块构件，通常被称为"闩"，俗称"钥匙"。比如六通鲁班锁中的

三　鲁班锁

那根唯一没有凹槽的短木，以及前述桂花球子（鲁班球）中，六块构件中被特别注明"中梁圆而细"的第四块构件；在"米字锁"中，也有一根有细梁的构件；组成"小九通"的九块构件中，有三块长的，六块短的，其中一块短的构件在中梁部分也很细，和其他五块明显不同，这一块就是"闩"（图3-23、图3-24）。"闩"在鲁班锁的拼合中，发挥着重要作用，鲁班锁的稳固要靠"闩"来实现，一旦将"闩"抽离，整个鲁班锁就散架了。

图3-23 "米字锁"中的"闩"　　　图3-24 "小九通"中的"闩"

6　鲁班锁的几个拼装技巧

鲁班锁类型多样，设计巧妙，拼接方式也各不相同，对初学者来说，难度是不小的。以较为简单的传统六通鲁班锁为例，美国学者马丁·加德纳就曾采用单元分割法来标识缺口，指出理论上有4 096种样式。美国数学家比尔·卡特勒使用电脑研究了六通鲁班锁的诸多变化，也指出有369种可行的制作方法，而且这些组件又有119 979种不同的拼合方法。由此可见，鲁班锁是一种"聪明者的游戏"，是真正的"Chinese puzzle"。虽然鲁班锁的结构复杂多变，但经过实践分析总结，还是可以得出几条经验，从而有助于摸索出不同形制鲁班锁的拼合方法。

第一，要认真观察构成鲁班锁的每一个构件，一定要找出关键的钥匙，也就是所谓的"闩"，这块构件在组装过程中有非常重要的作用。"闩"一般不会一开始就使用或者到最后一步才使用，而是基本都需要在即将完成时提前安装好，但要在安装最后一块构件时，先移动或扭动一下"闩"，待最后一块构件安装完成之后，再将这块"闩"归位，我们称之为"就地翻滚"，整个鲁班锁的拼装才能完成。正如前述"桂花球子"中那块"中梁圆而细"的第四块构件，是在第三步就要安装的，但在第五步第六块构件安装之后，这块构件还需要旋转归位，才能完成"桂花球子"的拼装。正如图3-5中的说明："六块拼齐之后，先将第四块翻正，然后往下压入榫内，即成球，则坚牢不脱矣。"再比如"米字锁"中那块有细梁的构件，要在倒数第二步先放平安装上，待最后一块构件顺利安装后，再将这块"闩""就地翻滚"，才能完成拼装。再比如，在"小九通"的安装过程中，也要提前把"闩"放进去，才能放后续短的构件，但在放最后一块短构件的时候，因为这块"闩"中梁很细，因此可以将其提起，以便最后一块短构件顺利放入，之后再将"闩"归位，这样才能完成拼装（图3-25、图3-26）。总而言之，在组成鲁班锁的构件中，如果有一个构件的中梁比其他构件都细，那么这块构件极有可能要先行安装，并且在安装最后一块构件前适当位移或扭转，以便为最后一块构件的安装提供必要条件，之后再通过自身"就地翻滚"，最终完成整个鲁班锁的拼装。

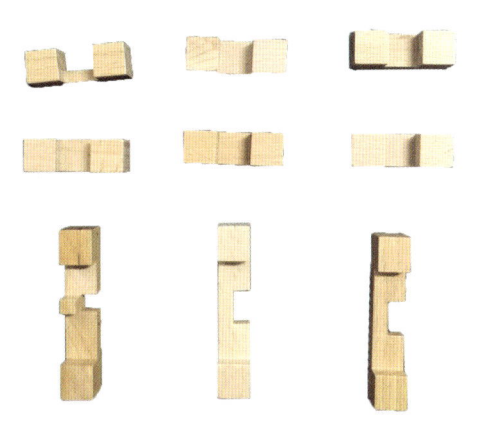

图3-25 "小九通"鲁班锁的全部构件（第一块小构件就是"闩"，最长的三根是中心构件）

（1）三条主构件两两相交，搭建框架 　　（2）将三个次要构件互不叠压安装在卡槽上

（3）将"闩"安装到卡槽处 　　（4）将另一根次要构件叠压"闩"安装到卡槽处

（5）提起"闩"，让出位置，安装最后一个次要构件 　　（6）将最后一个次要构件安装后，放下"闩"，再将"闩"旋转归位，完成

图 3-26 "小九通"鲁班锁的安装步骤

第二，鲁班锁都是易拆难装，要注意观察拆解的顺序，第一个能拆解下来的构件，基本就是需要最后一个安装的构件。在拼装好的鲁班锁中，总有一个构件是可以活动的，这个能活动的构件，就是"闩"。有可能"闩"被首先拆下，然后解开其他构件，如同经典六根鲁班锁；但更多情况下，"闩"不会首先被拆下，但需要移动或扭动"闩"，才能拆下某个构件，也才能拆解鲁班锁，反之亦然。要尽可能利用逆向思维，记住"闩"和首先能拆下的这个构件及其位置。一定要牢记顺序，遵循"怎么拆下来的，

再怎么拼装上去"这一原则。

第三，安装鲁班锁之前，要仔细观察，先将所有构件分组。在一些多于六根构件的鲁班锁中，如果所有构件并不是大小、长短一致，其中有三根（或三的倍数根）构件最长，这些最长的构件就是中心构件，是组成这个鲁班锁横、竖、立三维的中轴，其他构件作为次要构件，是围绕这些中轴构件来安装的。也可以理解为，拼装时尽可能先拼装尺寸大的构件，大构件定好位置，小构件的位置才好确定。比如在"小九通""十五通""丁香花""大菠萝"等鲁班锁中，有三根最长的构件，这三根构件就是中心构件，也就是中轴，六个面中每个面有一个中轴；而在"孔明球""二十四锁""回首"等鲁班锁中，有六根最长的构件，这六根构件就是中心构件，也就是中轴，六个面中每个面各有两个中轴（图3–27）。

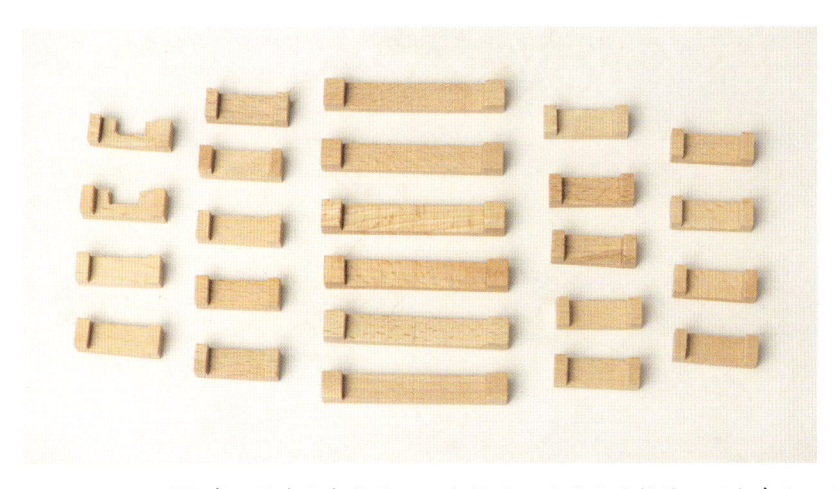

图3–27 "二十四锁"鲁班锁中全部构件。六个长的，就是主要构件，两个有缺口的次要构件就是"闩"

第四，如果一个鲁班锁的所有组成构件在粗细、长短、形状上都是完全一致的，那么很可能不是通过一块构件接着一块构件的方式来安装的，而是要先将所有构件拼装成两个完全相同的部分，之后再将两部分整体插接。比如，"足球""八角球""墙角"的安装方法，都是先组装成两个部分，然后将两个部分整体插接，就可完成安装（图 3-28 ～图 3-30）。

图 3-28　"足球"鲁班锁的组成构件及其拼装时的部分结构

图 3-29　"八角球"鲁班锁的组成构件及其拼装时的部分结构

图 3-30　"墙角"鲁班锁的组成构件、拼装步骤与完成图

以上对不同鲁班锁拼装的这些总结，只是冰山一角，是给初学者粗浅的建议。每一种鲁班锁都有自己独特的拼装方法，如果在冥思苦想之后依然求之不得，所幸还有万能的互联网，每一种鲁班锁的拼装教程，现在在网上基本都能找到。当然，完成拼装之后，那种云开雾散、豁然开朗的成就感与欢喜之心，绝对对得起为此消耗的脑力。

四

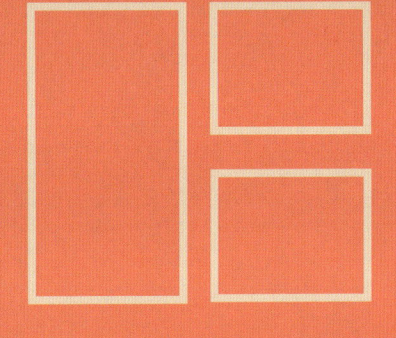

华容道

在中国传统益智玩具中，华容道是一个特别的存在。看似历史悠久，其实出现不久；既具有鲜明的中国文化特色，又具有广泛的世界影响；看起来规则非常简单，动手实践起来则非常复杂。难怪世界上的智力游戏专家将华容道与魔方、独立钻石棋一起，并称为"智力游戏界的三个不可思议"。

1　华容道玩具的基本形制

华容道作为这一益智玩具的名称，取自一个在中国家喻户晓的三国故事：曹操在赤壁之战中被刘备和孙权联军击败后，仓皇逃跑途经华容道（今湖北省荆州市监利县附近），又遇上料事如神的诸葛亮安排关羽在此设伏。眼看曹操就将被生擒活捉，但关羽为了报答曹操曾经对他的恩情，明逼实让，最终默许曹操逃走。正如罗贯中在《三国演义》中所感慨的："曹瞒兵败走华容，正与关公狭路逢。只为当初恩义重，放开金锁走蛟龙。"从华容道玩具的设计来看，这一玩具与这个故事确有几分相配，而精彩生动的故事，也扩大了这一益智玩具的影响力。

现在通行的华容道玩具，是由一个长方形的平底游戏盘和十个滑块组成的。游戏盘是 4×5 单位规格，共 20 个单位格，代表了华容道战场。十个滑块分为三种规格：占四个单位、呈正方形的有一块，代表曹操；占两个单位、呈长方形的有五块，分别代表刘备阵营的五虎上将，即关羽、张飞、黄忠、马超、赵云，其中关羽是横向的长方形，其他四人是纵向的长方形；占一个单位、呈正方形的有四块，分别代表刘备的士卒。每个滑块上面或者写有文字，或者绘有图画，标明了它们所各自代表的人物。在20个单位的空间中，十个滑块共计占用了18个单位，游戏盘中还有两个单位没有被占用，十个滑块正好可以利用这两个空置空间实现位移。滑块在游戏盘中只能上下、左右水平或竖直位移，不能斜向移动或旋转。游戏盘最下端中间的两个单位边框处开有槽口，可以允许最大的那个滑块从这里滑出游戏盘。

华容道游戏开始的经典布局（也形象地称为"布阵"）形式是：曹操位于游戏盘的最上方中间位置，下面是关羽，左面是张飞，右面是赵云，张飞和赵云下面分别是马超和黄忠，四名士卒分别位于马超、关羽、黄忠的下面（图4-1）。实际上，除了关羽的位置不能变化，其他四员大将位置是可以互换的。最下方中间的两个单位是空置的。这种布局，代表了在华容道战场，曹操被刘备的将士团团包围（这与历史事实或演义情节并不相符，黄忠和马超是赤壁之战之后才归附刘备的）。这一布局形式，被形象地称为"横刀立马"，因为代表关羽的滑块是横放的，关羽的武器为刀，故名"横刀"；代表马超的滑块是立放的，故名"立马"。华容道的规则非常简单，就是要想方设法，用最少的步数，在游戏盘的边框范围之内，利用两个单位的空置空间，通过不同滑块的位移，最终将代表曹操的最大滑块，通过游戏盘下端的槽口滑出，代表曹操终于逃出了华容道（图4-2）。

图4-1 标准的华容道玩具和"横刀立马"开始的布局

图4-2 华容道游戏结束时状态

088　中国四大传统益智玩具

由于华容道属于顺序步骤类益智玩具，也就是最优的解决方式只能遵从某种特定的顺序移动滑块来完成，所以如果每次的开始布局都是固定的，就不免过于枯燥和呆板，也必然会降低新鲜感和吸引力。为了进一步增加游戏的丰富性、挑战性和趣味性，人们在实践中，对华容道的开始布局形式不断丰富和再设计，陆续开发出了几十种不同样式，并为它们各自起了颇为形象的名称。如"将拥曹营""水泄不通""峰回路转""一路进军""井底之蛙""过五关""夹道藏兵"等（图4-3）。这些不同的开始布局，并不一定都增加了曹操逃脱的难度，但都进一步丰富了游戏的内容。

图4-3 华容道开始布局的几种形式及名称

2 华容道的起源

关于华容道这一益智玩具的起源，目前学术界还有很多争议，依然未有定论。这一玩具在名称上虽然借用了《三国演义》中"曹操败走华容道"

这一精彩故事,但其真正出现的时间远没有那么久远,甚至"华容道"这一中国特色鲜明的名称的出现,也只有短短几十年的时间,而华容道玩具实物的出现,就世界范围来看,也不过百年左右的时间。

就目前所知,将这一益智玩具第一次定名为"华容道",始于1949年。曾任西北工业大学教授的中国航空科技史专家姜长英先生,在那一年出版了一部著作《科学消遣》,在这部著作的第八节中,他详细介绍了一个游戏,并第一次将它命名为"华容道"(图4-4):

知道曹操之所以能够杀出重围,逃回曹营,都是因为关公有意让路,放他逃走。这个正与《三国演义》中华容道的故事相合,所以我为此游戏题了这样一个戏剧性的名字。

图4-4 姜长英1949年出版的《科学消遣》

此后,1952年数学家许莼舫在《数学漫谈》一书中也提到了华容道。1956年武汉出版的《数学通讯》上,还发表过这种游戏的证解文章。

姜长英先生虽然是第一次将这一玩具定名为"华容道",但他并不是发明这一玩具的人。在《科学消遣》一书中,姜长英先生并没有提及这一玩具的历史,但他在1997年出版的《科学思维锻炼与消遣》一书中对华容道的历史进行了说明:

《三国演义》小说已有数百年的历史了，但是华容道玩具的历史，并没有那么古老，从前人的笔记中没有发现有玩具华容道的记载。

　　姜长英先生估计"它的历史只不过有几十年"，他还提到，在1938年抗战时期，西北工业大学教授林德宽为了躲避日军轰炸，从家乡陕西省汉中市躲到了城固县乡下，在那里他看到了当地的孩子们在玩用纸片制作的这种滑块游戏。姜长英先生自己最早看到华容道玩具实物，是在1943年的上海，而在同时期的苏北地区，也已经流行这种滑块游戏。到了20世纪50年代，上海的玩具店就已经出售这种木质玩具了。到了20世纪60—70年代，这一玩具在全国很多地方都出现过，当时也并没有"华容道"这一统一名称，十个滑块上也并没有统一的文字图画，而是先后出现了"赶走纸老虎""船坞排挡""鲁智深冲出五台山""敢把皇帝拉下马"等主题的图画和名称，具有浓厚的时代特色。将这一玩具统一称为"华容道"，也仅仅是近几十年的事。

　　姜长英先生在《科学消遣》一书中并没有深究这一玩具的渊源，但随文提到在当时的70年前，也就是19世纪末期，欧洲就曾流行一种被叫作"十五谜"（Fifteen Puzzle）的游戏：

　　这是一个正方形的棋盘，四周围包着短围墙，中间分划为十六个小方格。另外有十五个正方形的棋子，上面分别印着1、2、3、…、14、15等数字。这十五个棋子，平放在棋盘上时，除了还空一小格外，恰好占满。只有邻靠空格的棋子，可以移入空位，其余的都不能动，也不许随意取出来。这游戏的开始是先将棋子拿在手里，随意将棋子放进盘内，右下方的小格空着不放。此时十五个子在盘内次序是乱的。游戏的目的，是要一个一个地移动棋子，调动它们的地位，希望能排成1、2、3、…、14、15的顺序，

最后要使空位在右下角。

姜长英先生提到的这一"十五谜"玩具，现在一般被称为"排十五"玩具，直到目前，依然是全世界较为流行的益智玩具之一，在中国，也许是因为华容道更有影响力，所以又称为"数字华容道"。这一游戏据说起源于1874年纽约的一位名叫诺耶斯·查普曼的邮局局长发明的一种数字排列游戏，具体样式、游戏规则和姜长英先生70多年前书中介绍的完全一致（图4-5）。排十五玩具和华容道的相似性是显而易见的，都属于滑块类益智玩具，差别在于排十五玩具中15个滑块的规格都占一个单位，在游戏盘中也只有一个空置单位；在华容道玩具中，十个滑块大小不一，但在游戏盘中有两个空置单位。排十五玩具看似比华容道玩具简单，其实二者之间的难度不分伯仲。比如，在排十五玩具中，并不是随意摆放的任何开始布局，都可以按照1、2、3、…、14、15的顺序排列出来，如果只有奇数对相邻颠倒数字，那么必然无解，有偶数对相邻颠倒数字则有解，例如，将16格15个数字简化为9格8个数字，如果开始布局是2、1、4、3、6、5、7、8，则无解，而2、1、4、3、6、5、8、7则有解。也就是说，1、2、3、4、5、6、7、8不能拼出2、1、4、3、6、5、7、8，但能拼出2、1、4、3、6、5、8、7。这里还有个有趣的故事，据说有个叫萨姆·洛伊德的人曾悬赏1 000美金，奖励能把图4-6中的14和15重新排好序的人，事实上这个任务是谁也不可能完成的。而在华容道玩具中也一样，某些开始布局，不管怎么绞尽脑汁都无法解开，曹操是逃不出华容道的，比如图4-7所示的布局。当然，目前推出的华容道的各种开始布局，则都是经过实践检验、有解决方案的。

图 4-5　排十五玩具，又称"数字华容道"

图 4-6　萨姆·洛伊德无解的排十五玩具布局

图 4-7　一例曹操无法逃出华容道的开始布局

根据雷彼得在《趣玩 I：中国传统益智游戏》一书中的介绍，类似"排十五游戏"的滑块玩具，在 19 世纪中后期流行于欧美，并于 1869 年就在美国申请了发明专利保护。到了 1907 年，美国芝加哥的刘易斯·W. 哈代（Lewis W. Hardy）申请了一个与现在的华容道游戏盘和滑块比例相同的专利，唯一的区别是哈代设计的玩具的底边中间没有槽口，所以在这个游戏中，开局放置在最顶端的最大正方体，并不能通过槽口从游戏盘中滑出，而是要滑动到游戏盘的一角，这一发明在 1912 年获得了专利保护。

到了 1932 年，英国人约翰·H. 弗莱明（John H. Fleming）则申请了一个与现在的华容道玩具更为相似的专利，并于 1934 年得到批准。弗莱明发明的玩具和中国的华容道玩具有一样的游戏盘和滑块，连出口也同样设在游戏盘最下面边框的中部，游戏的目的和华容道也完全相同，需要把最大

四　华容道　093

方块通过游戏盘下方的槽口滑出。唯一不同的是，弗莱明所发明玩具的起始布局与现代华容道稍有不同，横向滑块并不在最大方块的正下方，而是在游戏盘的右下方（图4-8），而四个小方块则在大方块的正下方。弗莱明在申请专利的说明里，还附有一个71步的解法。

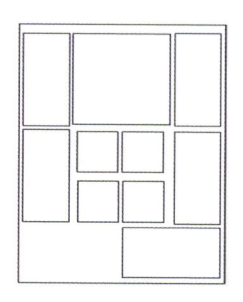

图4-8　英国人弗莱明1932年发明的滑块玩具及起始布局示意图

但根据吴鹤龄先生在《七巧板、九连环和华容道——中国古典智力游戏三绝》一书中的介绍，在哈代设计的滑板玩具之后，在法国也出现了一种称为"红鬃烈马"（l'âne rouge，直译为"红毛驴"）的玩具，不论是玩具中各滑块的设计，还是代表性的开始布局，都和现在华容道的"横刀立马"完全一样（图4-9）。游戏的目标就是使大方块所代表的红鬃烈马冲出重围，从底部开口处逃脱。

图4-9　"红鬃烈马"玩具及开始布局

红鬃烈马玩具一经面世，很快在欧洲各国流行开来，并出现了许多变种，比如在西班牙，这个游戏被叫作"追捕逃犯"，大方块代表罪犯，五个长方块中的四个分别代表检察官、法官、办案人员和市长，另一个长方块和四个小方块则代表牢笼。游戏的初始布局如图 4-10 所示，游戏的目标是把"罪犯"逼到底部中央，使其束手就擒，被关进牢笼。

图 4-10 "追捕逃犯"的开始布局

因此，吴鹤龄先生认为中国的华容道是从红鬃烈马改名而来，因为二者的棋盘、棋子，游戏规则和目标完全一样，只是把马换成了曹操，五个长方块换成了五虎将，四个小方块换成了四个卒。同时，从时间上来看，进入 20 世纪之后，中国闭关自守的局面被打开，西方人士大量进入中国，中国也开始向西方派出留学生，红鬃烈马这一玩具被引进并本地化是完全可能的事。

从华容道这一玩具在中国的历史和出现的时间来看，吴鹤龄先生的这一论断无疑是比较合乎事实和逻辑的，这一玩具很可能是在 20 世纪 30—40 年代才从西方传入，并很快从上海传播至周边地区，继而传播到全国。但在这一传播过程中，更多具有中国传统文化特色的元素被赋予其中，不但帮助其实现了本土化，还促使其不断推陈出新，丰富了这一玩具的内涵，增加了这一玩具的吸引力。本土化是一个递进的过程，也是一个改造和再创造的过程，姜长英先生于 20 世纪 40 年代在上海第一次见到这个玩具实物的时候，而演绎的已经是"曹操败走华容道"这一故事了，只是当时并没有将其命名为"华容道"而已。此后对于这一玩具开始布局样式的不断丰富、姜长英先生对这一玩具的精彩命名，都是中国文化对它的改造和再创造，也正是因为有了这一过程，这一玩具在中国的流传才得到了有力推动。从这个意义上来说，华容道依然属于中国传统益智玩具，它在西方又称为 Chinese sliding block puzzle，意为"中国滑块难题"。

3 华容道和纵横图的关系

在华容道玩具的渊源问题上，有些学者认为，华容道是从中国的纵横图发展而来的，其历史甚至可以追溯到我国远古神话历史时代的河图、洛书。但经过认真梳理，河图、洛书与华容道玩具之间还是有所区别，有必要在此予以澄清。

河图、洛书是中国古代流传下来的两幅神秘图案，历来被认为是河洛文化的滥觞、中华文明的源头，被誉为"宇宙魔方"。"河图洛书"最早收录在《尚书·洪范》之中，在《易传》之中也有记载，此后的诸子百家也多有记述。对于其来源，有这样的传说：相传，上古伏羲氏时，洛阳东北孟津县境内的黄河中浮出龙马，背负"河图"，献给伏羲。伏羲依此而演成八卦，后成为《周易》的起源。大禹时，洛阳西洛宁县洛河中浮出神龟，背驮"洛书"，献给大禹。大禹依此治水成功，遂划天下为九州，又依此定九章大法，治理社会。

多年来，对河图洛书的研究作品汗牛充栋，但依然存在许多未解之谜。当代学术界一般认为，河图洛书是远古时代人们按照星象排布出的关于时间、方向和季节的辨别系统。在我国传统文化的理论中，河图中的 1～10 是天地生成数，洛书中的 1～9 是天地变化数，万物有气即有形，有形即有质，有质即有数，有数即有象，气、形、质、数、象五要素可以用河洛八卦图式来模拟表达，它们之间巧妙组合，融于一体，以此建构了一个宇宙时空合一、万物生成演化的运行模式。此外，也有学者认为河图洛书和二十八星宿、黄道十二宫也有着密切联系。俨然，河图洛书已经成为中国古代哲学一个非常重要的源头。

虽然直到目前，关于河图洛书的一些说法依然有很多争论，但河图洛书中确实蕴藏着某些值得深入研究的内涵。举例来说，洛书上的图案正好对应着 1～9 九个数字，并且纵向、横向、斜向，每条线上的三个数字和皆等于 15。这一现象当然不会是巧合，很可能像勾股定理一样，是我们的祖先在长期生产实践中总结的经验，是中国先民心灵思维的结晶，是中国古代文明的一个里程碑。

根据洛书中九个数字排列的这一特点，早在西汉时期，就出现了一种数字排列游戏，称为"纵横图"，也称为"九宫图"，就是从 1 开始的若干个自然数排成纵横数的个数相等的正方形，使在每一行、每一列和每一对角线上的几个数的和都相等。这种数阵在现代数学的概念中，称为幻方，所以洛书就是三阶幻方（图 4-11）。到了唐宋时期，随着数学的进步，人们进一步深化了对这一规律的认识。在南宋数学家杨辉的《续古摘奇算法》卷一中，就对"纵横图"进行了专门研究，其中给出的方形纵横图，也就是三至十阶的幻方及其变体共有 13 幅，包括洛书数（三阶幻方）一幅，四四图（四阶幻方）两幅，五五图（五阶幻方）两幅，六六图（六阶幻方）两幅，七七图（七阶幻方）两幅，六十四图（八阶幻方）两幅，九九图（九阶幻方）一幅，百子图（十阶幻方）一幅。书中还给出了"洛书数"和"四四阴图"的构造方法（图 4-12），如"洛书数"的构造方法为"九子斜排，上下对易，左右相更，四维挺出"。

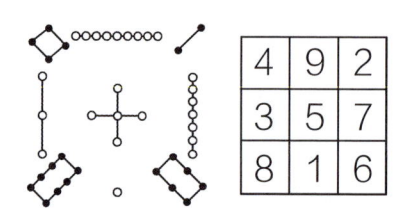

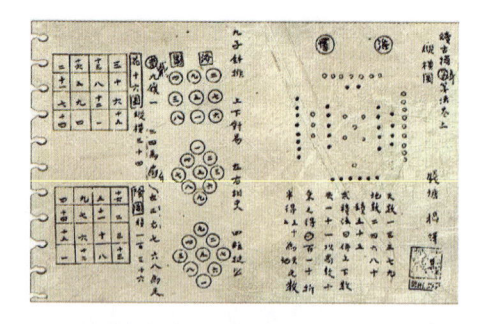

图 4-11　洛书和三阶幻方　　图 4-12　杨辉著《续古摘奇算法》中的"纵横图"

　　从洛书上的神秘数字发展到纵横图，就是一个从数学发现演变成一种智力游戏的过程，这种游戏称为"重排九宫"。直到明清时期，纵横图类的智力游戏虽然始终存在，但也仅限于学者们在一定范围内的研讨和自娱自乐。从目前对文献的了解来看，没有发现与纵横图相关的玩具的实物，所以它充其量是一种智力游戏，谈不上在民间的流行。也许这种智力游戏单纯是对动脑的要求，没有多少动手的步骤，并且难度实在太高，自然吸引力和趣味性不可与其他流行的传统智力游戏同日而语。

　　从游戏方式来看，纵横图是一种填图类智力游戏，解决的是在特定位置"数"的问题，而华容道则是标准的移图类玩具，解决的是通过位移实现位置转换的问题。而从科学原理上来看，纵横图就是标准的幻方；而华容道的数学原理，直到现在依然没有定论，仍然是困扰数学界的一个未解之谜，有人认为它和运筹学、图论有很大关系。

　　从以上对纵横图的介绍中，我们可以看出，纵横图和华容道还是有很大差别的，它们之间并没有特别显著的关系。因此，我们很难将华容道的渊源和纵横图或河图洛书联系起来。

4　华容道的解法

滑块类玩具一般没有统一的规律，怎样从初始布局走到终局，乃至用最少的步骤走到终局，是一个尝试与摸索的过程，这也正是这类玩具引起人们好奇与兴趣的原因。华容道的解法也是一样，要解决的问题也是如何用最少的步数，将代表曹操的最大滑块从游戏盘最下端中间的槽口滑出。根据十个滑块开始布局的不同，其解法必然千变万化，但每一种都颇具难度。同时，也不是任意开始布局都能有解，这也是华容道的另一个"不可思议"。就五个长方形滑块的位置来说，如果五个滑块都竖立放置，而且曹操在最上方，则一定无解；而在四横一竖、三横两竖、两横三竖、一横四竖、五横布局中，也有一些无解的布局。什么样的初始布局有解？什么样的初始布局无解？有多少初始布局有解？有多少初始布局无解？这些问题都很值得探究。

1949年，姜长英先生第一次介绍华容道时，依据"横刀立马"这一开始布局，给出了87步的解法，此后又经过很多玩家不断推演和优化，得出了81步的最佳方案。近些年来，经过计算机程序的优化验证，也证明81步是解开该布局的最少步骤。

因为"横刀立马"是华容道最早的布局模式，也是最为经典和最有影响力的布局模式，所以有必要向大家详细介绍这一布局的解法过程：

第1步：右下角卒左移1步←

第2步：上将下移1步↓

第3步：关羽右移1步→

第4步：卒下移1步↓

第5步：上将右移1步→（此时局面如图4-13所示）

图 4-13　第 5 步局面

第 6 步：卒上移 1 步↑

第 7 步：卒左移 1 步←

第 8 步：上将下移 1 步↓

第 9 步：关羽左移 2 步←

第 10 步：卒向上向右移 2 步↑→（此时局面如图 4-14 所示）

图 4-14　第 10 步局面

第 11 步：卒上移 2 步↑

第 12 步：上将右移 1 步→

第 13 步：卒向右向下移 2 步→↓

第 14 步：关羽下移 1 步↓

第 15 步：卒左移 2 步←（此时局面如图 4-15 所示）

图 4-15　第 15 步局面

第 16 步：卒左移 2 步←

第 17 步：上将上移 1 步↑

第 18 步：上将上移 1 步↑

第 19 步：卒右移 2 步→

第 20 步：卒右移 2 步→（此时局面如图 4-16 所示）

图 4-16　第 20 步局面

第 21 步：关羽下移 1 步↓

第 22 步：卒向下向左移 2 步↓←

第 23 步：上将左移 1 步←

第 24 步：上将左移 1 步←

第 25 步：上将下移 2 步↓（此时局面如图 4-17 所示）

四　华容道　101

图 4-17　第 25 步局面

第 26 步：曹操右移 1 步→

第 27 步：上将右移 1 步→

第 28 步：卒上移 2 步↑

第 29 步：卒上移 2 步↑

第 30 步：上将左移 1 步←（此时局面如图 4-18 所示）

图 4-18　第 30 步局面

第 31 步：上将下移 2 步↓

第 32 步：曹操左移 1 步←

第 33 步：上将上移 2 步↑

第 34 步：上将右移 1 步→

第 35 步：卒上移 2 步↑（此时局面如图 4-19 所示）

图 4-19　第 35 步局面

第 36 步：卒向左向上移 2 步←↑

第 37 步：关羽右移 2 步→

第 38 步：上将下移 1 步↓

第 39 步：上将下移 1 步↓

第 40 步：卒左移 2 步←（此时局面如图 4-20 所示）

图 4-20　第 40 步局面

第 41 步：曹操下移 1 步↓

第 42 步：卒右移 2 步→

第 43 步：卒向上向右移 2 步↑→

第 44 步：卒上移 2 步↑

第 45 步：上将上移 2 步↑（此时局面如图 4-21 所示）

四　华容道　103

图 4-21　第 45 步局面

第 46 步：上将左移 1 步←

第 47 步：卒向左向下移 2 步←↓

第 48 步：曹操下移 1 步↓

第 49 步：卒向下向左移 2 步↓←

第 50 步：上将左移 1 步←（此时局面如图 4-22 所示）

图 4-22　第 50 步局面

第 51 步：上将上移 2 步↑

第 52 步：曹操右移 1 步→

第 53 步：卒下移 2 步↓

第 54 步：卒下移 1 步↓

第 55 步：卒右移 1 步→（此时局面如图 4-23 所示）

图 4-23　第 55 步局面

第 56 步：上将上移 1 步↑

第 57 步：上将上移 1 步↑

第 58 步：卒左移 1 步←

第 59 步：卒下移 1 步↓

第 60 步：曹操左移 1 步←（此时局面如图 4-24 所示）

图 4-24　第 60 步局面

第 61 步：上将下移 2 步↓

第 62 步：上将右移 1 步→

第 63 步：卒右移 1 步→

第 64 步：卒右移 1 步→

第 65 步：上将右移 1 步→（此时局面如图 4-25 所示）

四　华容道　105

图 4-25　第 65 步局面

第 66 步：上将上移 2 步↑

第 67 步：曹操左移 1 步←

第 68 步：卒下移 2 步↓

第 69 步：卒下移 2 步↓

第 70 步：上将左移 1 步←（此时局面如图 4-26 所示）

图 4-26　第 70 步局面

第 71 步：上将上移 2 步↑

第 72 步：卒向右向上移 2 步→↑

第 73 步：关羽上移 1 步↑

第 74 步：卒右移 2 步→

第 75 步：卒右移 2 步→（此时局面如图 4-27 所示）

106　中国四大传统益智玩具

图 4-27　第 75 步局面

第 76 步：曹操下移 1 步↓

第 77 步：卒左移 2 步←

第 78 步：卒左移 2 步←

第 79 步：关羽上移 1 步↑

第 80 步：卒向上向右移 2 步↑→（此时局面如图 4-28 所示）

图 4-28　第 80 步局面

第 81 步：曹操右移 1 步→，向下滑出，大功告成！

以上就是对"横刀立马"这一开始布局的最优化解决方案，这不但是多年实践验证的结果，也是计算机程序运算的结果，这应该是已知步数最少的解决方案了，可以看出要解开这一种布局还是很有难度的。通过对"横刀立马"的练习，我们可以尝试解决其他形式的华容道开始布局。

四　华容道　107

当然，对于不同的开始布局，就有不同的解决方案，那么有没有什么规律可言呢？国内最早系统研究华容道玩具的苏州大学数学系教授许莼舫先生，在1952年出版的《数学漫谈》一书的"计划和准备"一节中，对华容道玩具用数学方法进行了详细的分析，总结出了八条规则；此后，吴鹤龄先生在其《七巧板、九连环和华容道——中国古典智力游戏三绝》一书中，将这八条规则又进行了进一步完善，现引用如下：

（1）四个小兵中，每两个必须常在一起，不得分离。

（2）关公欲向下移，下方需有两个小兵让出横的空当；或原有竖的空当，把竖排的两个小兵改做横排，留下横的空当，让关公下移，欲向上移时类推。

（3）大将欲向左移，左方要有两个小兵让出竖的空当，或由另一大将让出，或原有横的空当，把横排的两个小兵改做竖排，留下竖的空当来让他走，欲向右移类推。

（4）曹操欲向下或向上移时，与（2）同，欲向左向右移时，与（3）同。

（5）关公欲作上下移动时，不但前面要有两个小兵开路，后面还要紧跟着两个小兵保护。曹操上下移动时亦然，前有两个小兵拦截，后有两个小兵追赶。这样前后照顾，才可免去梗塞。

（6）一大将及两个小兵在右下或左下的六方寸内，可任意回旋，使各居任何位置。

（7）三大将及两小兵在右半或左半的十方寸内，可任意回旋，而成任何形式。

（8）关公、曹操及四小兵在下部的十二方寸内，可任意回旋，循环不已。曹操换成二大将也可以，但须常伴不离。

以上原则主要是因为在游戏盘中，只有两个空位，而曹操和五虎上将也至少需要两个连续的空位才可能发生位移，因此要尽量使得两个空位连接在一起，不能隔离开，否则五虎上将和曹操这六个模块就无法移动，从而可能造成死局。依据以上原则可以推出多数局面的解法，但并不能确保所用步数最少。

　　近几年来，已经有研究者利用计算机数学建模的方式，找出了华容道所有有解的开始布局的解法。在人工智能发展领域，这当然是一件值得庆贺的事，但在益智玩具领域，未免又少了一份乐趣。千百年来，人类在众多领域上下求索，很多时候更在意过程而不是结果。益智玩具就是在求解的过程中体现其乐趣，越是艰辛困难，在解决时才越有成就感和欢喜之心，但凡能轻易得到的，都不会是真正的快乐。"求之不得，寤寐思服。悠哉悠哉，辗转反侧"的感觉，才是益智玩具最大的魅力所在。

感谢授予著作使用权之全体作者、画家或其版权持有人。因能力有限，少量图片的版权持有人始终无法取得联系。在此，向上述版权持有人致以歉意。敬请见本书后与我们联系，以便敬奉稿酬。